**Albert Einstein and His Inflatable Universe**
Text ⓒ Dr Mike Goldsmith, 2001
Illustrations ⓒ Philip Reeve, 2010
All rights reserved
Korean translation copyright ⓒ 2011 by Gimm-Young Publishers, Inc.
Korean translation rights arranged with Scholastic Ltd through EYA
(Eric Yang Agency)

이 책의 한국어판 저작권은 에릭양 에이전시를 통해 Scholastic Ltd.와 독점 계약한
(주)김영사에 있습니다. 저작권법에 의하여 한국 내에서 보호를 받는 저작물이므로
무단 전재와 복제를 금합니다.

앗, 이렇게 재미있는 과학이!

# 생각번뜩
# 아인슈타인

마이크 골드스미스 글 | 필립 리브 그림 | 이충호 옮김

주니어김영사

## 생각번뜩 아인슈타인

1판 1쇄 인쇄 | 2011. 5. 6.
개정 1판 1쇄 발행 | 2019. 12. 5.

마이크 골드스미스 글 | 필립 리브 그림 | 이충호 옮김

발행처 김영사 | 발행인 고세규
등록번호 제 406-2003-036호 | 등록일자 1979. 5. 17.
주소 경기도 파주시 문발로 197(우10881)
전화 마케팅부 031-955-3100 | 편집부 031-955-3113~20 | 팩스 031-955-3111

값은 표지에 있습니다.
ISBN 978-89-349-9847-1 74080
ISBN 978-89-349-9797-9 (세트)

좋은 독자가 좋은 책을 만듭니다. 김영사는 독자 여러분의 의견에 항상 귀 기울이고 있습니다.
독자의견전화 031-955-3139 | 전자우편 book@gimmyoung.com
홈페이지 www.gimmyoungjr.com | 어린이들의 책놀이터 cafe.naver.com/gimmyoungjr

이 도서의 국립중앙도서관 출판시도서목록(CIP)은 서지정보유통지원시스템
홈페이지(http://seoji.nl.go.kr)와 국가자료공동목록시스템(http://www.nl.go.kr/kolisnet)에서
이용하실 수 있습니다. (CIP제어번호 : CIP2019031354)

**어린이제품 안전특별법에 의한 표시사항**

제품명 도서 제조년월일 2019년 12월 5일 제조사명 김영사 주소 10881 경기도 파주시 문발로 197
전화번호 031-955-3100 제조국명 대한민국 ⚠주의 책 모서리에 찍히거나 책장에 베이지 않게 조심하세요.

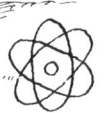

## 차례

| | |
|---|---|
| 역사상 최고의 천재? | 6 |
| 작은 괴물 | 10 |
| 절대적인 것은 없다? | 26 |
| 아인슈타인, 시간을 정복하다 | 41 |
| 탈출 | 54 |
| 엿처럼 늘어나는 시간과 수축하는 공간 | 66 |
| 아인슈타인과 과학의 신 | 78 |
| 4차원 | 86 |
| 막을 수 없는 전쟁 | 93 |
| 구부러진 공간 | 112 |
| 구부러진 공간을 확인하다 | 134 |
| 아인슈타인의 팽창 우주 | 147 |
| 아인슈타인과 나치 | 156 |
| 빛은 입자? | 165 |
| $E = mc^2$ | 186 |
| 초과학 | 204 |
| 아인슈타인 이후 | 210 |

# 역사상 최고의 천재?

알베르트 아인슈타인은 모르는 사람이 없을 것이다. 그만큼 유명한 사람이니까. 그런데 그는 왜 그토록 유명할까?

많은 사람들은 주저하지 않고 아인슈타인을 역사상 최고의 천재로 꼽는다. 실제로 우주에 관해 그만큼 많은 것을 알아낸 사람도 없다. 시간, 공간, 원자, 빛, 중력, 에너지 등…… 아인슈타인이 손대지 않은 분야가 없을 정도다! 그 밖에 아인슈타인이 또 알아낸 것을 몇 가지만 꼽아 봤다.

- 우주의 작용 원리와 우주 붕괴를 막는 방법.
- 시간 여행을 하는 방법.
- 원자의 크기를 재는 방법.
- 물질을 빛으로, 그리고 빛을 물질로 바꾸는 방법.
- 망원경으로 아주 먼 우주를 바라보았을 때, 자신의 뒤통수를 볼 수 있는 경우.

그런데 아인슈타인은 이 모든 것을 도대체 어떻게 알아냈을까? 그 궁금증을 풀기 위해 역사 속에서 사라진 아인슈타인의 공책을 살짝 들여다보기로 하자. 아, 순진한 독자를 위해 입 아프게 설명하자면, 물론 이건 순전히 저자가 지어 낸 가상의 공책이다.

---

### 아인슈타인의 사라진 공책

비법: 역사상 최고의 천재가 될 수 있는 방법

1. 우주에 존재하는 것은 모두 아주 간단하다. 만약 복잡해 보인다면, 그것은 순전히 생각을 잘 못했기 때문이다.
2. 우주가 어떻게 작용하는지 알아내려면, 정확한 질문을 던지고, 그것에 대해 열심히 그리고 논리적으로 생각하기만 하면 된다. 그렇게만 한다면 온갖 놀라운 사실들을 알아낼 수 있다. 그렇지만 명심해야 할 게 하나 있다.
3. 그건 바로 상식적인 설명이나 다른 사람(설사 아이작 뉴턴이라 하더라도!)이 이야기하는 것은 절대 믿지 말 것!

아이작 뉴턴은 앞으로도 심심하면 시도 때도 없이 튀어나올 테니, 잘 적응해 두도록! 그리고 그가 한 중요한 연구에 대해서도 자세히 살펴볼 것이다. 물론 그가 자랑하는 중력의 법칙(일명 만유인력의 법칙)도! 그리고 아인슈타인이 그 법칙이 항상 옳은 게 아님을 증명하는 것도 보게 될 것이다.

그리고 이 책에서는 과학 외에도 아인슈타인에 대한 놀라운 이야기를 많이 다룰 것이다. 그러니까 학교에서 퇴학당한 이야기, 나치가 그를 암살하려 한 이야기, 그의 머리에서 뇌를 끄집어 낸 이야기도 포함된다.

아인슈타인이 만든 이론들은 대부분 실험실에서 실험으로 확인할 수 없는 것들이다. 즉, 엄청나게 빠르거나 무겁거나 작아서 실험실에서 관찰하거나 실험할 수 없는 것들을 다룬다. 실험을 할 수 없다면, 도대체 어떻게 이론을 만들 수 있었을까? 아인슈타인은 실험 대신에 '사고 실험'이라는 것을 했다. 그러니까 상상력을 동원해 물체들이 어떻게 움직이고 행동할지 생각한 것이다. 이 책 전체에 걸쳐 '만약 ~한다면 어떻게 될까?'와 같은 질문을 할 때마다 여러분도 나와 함께 사고 실험에 참여하게 될 것이다. 그 중에는 아인슈타인이 직접 했던 사고 실험도 있다!

 아인슈타인은 이러한 사고 실험을 통해 시간과 공간의 비밀을 알아냈다. 그러니까 빨리 달리는 물체의 길이가 왜 줄어드는지, 중력이 어떻게 시간을 느리게 흐르게 하는지, 물질이 어떻게 공간을 구부러뜨리는지 등을 밝혀 낸 것이다. 이 모든 이야기는 너무나도 상식에서 벗어나는 이야기처럼 들려, 지레 겁부터 먹고 아예 이해하길 포기하고 싶은 사람도 있을 것이다. 그러나 아인슈타인의 이론이 지닌 매력 중 하나는 복잡한 계산을 전혀 하지 않고도 충분히 이해할 수 있다는 점이다! 아인슈타인 자신도 이렇게 말하지 않았던가!

과학이란, 일상적인 생각을 조금 더 개량한 것에 지나지 않아.

 이 책에서는 여러분의 이해를 돕기 위해 아인슈타인의 이론들을 특별히 재미있는 버전으로 소개하려고 한다.
 그러니 끈기를 가지고 열심히 읽도록! 그러면 21세기의 최고 비밀 중 하나를 이해하게 될 것이다. 다시 말해서, 여러분도 이 책만 열심히 읽으면, 역사상 최고의 천재라는 아인슈타인이 만든 이론들을 얼마든지 이해할 수 있다. 그것은 그다지 어려운 것도 아니며, 여러분의 머리가 터지는 일 같은 것도 절대로 일어나지 않는다!

# 작은 괴물

## 출생 증명서

이름 : 알베르트 아인슈타인(Albert Einstein)

생년월일 : 1879년 3월 14일 오전 11시 30분

출생 장소 : 독일 울름 반호프 거리 135번지

아버지 : 헤르만 아인슈타인, 거위 깃털 상인

어머니 : 파울리네 아인슈타인(결혼 전 이름은 파울리네 코흐)

의사 소견 : 아기는 머리가 참 이상하게 생겼지만,
  어머니 말처럼 괴물은 아님.

아인슈타인이 태어났을 때, 아기의 모습을 보고 누구나 열광

했던 것은 아니었다.

아인슈타인은 가족 중에서 최고의 천재였지만, 어릴 때에는 전혀 그렇게 보이지 않았다. 여동생이 태어난 것을 보고 아인슈타인은 이렇게 말했다고 한다.

아인슈타인은 말문도 늦게 트였는데, 아인슈타인이 과학 문제를 생각할 때 시각적으로 상상하는 능력이 비범했던 것은 이 때문이 아닐까 추측하는 사람도 있다. 그렇지만 어린 시절의 아인슈타인은 그다지 특이한 점이 없었다. 여동생 마야와 즐겁게 잘 놀았지만, 원자나 다른 것을 쪼개는 데 몰두하진 않았다. 그러다가 5세 때 아버지에게서 나침반을 선물 받고는 거기에 홀딱 빠졌다.

　다섯 살짜리 꼬마가 나침반에 그렇게 열광하는 건 보기 드문 일이다. 차라리 고양이를 괴롭히는 게 훨씬 재미있지 않은가? 하기야 아인슈타인은 보통 사람하고는 다르니까. 어릴 때부터 뭔가 이해가 되지 않는 게 있으면 그걸 참지 못했고, 그 답을 알아낼 때까지 끈질기게 매달려 생각하는 버릇이 있었다. 아인슈타인은 그 후 평생 동안 자기 현상에 큰 흥미를 느꼈고, 자기력을 우주의 나머지 힘들과 통일시키려고 시도했지만, 거기에는 성공하지 못했다.

　아인슈타인이 과학에 흥미를 느끼게 된 또 하나의 계기는 야코프 삼촌이었다. 공학자인 야코프는 아인슈타인의 아버지인 헤르만과 함께 사업을 했는데, 아인슈타인에게 대수학과 기하학에 관한 이야기를 많이 해 주고, 재미삼아 풀 수 있는 수학 문제도 내 주었다. 수학 문제를 재미로 푼다고? 야코프는 수학 문제를 재미있는 게임처럼 보이게 하는 재주가 있었다. 그리고 어차피 그 당시 어린이들은 텔레비전도 없어 달리 할 일이 없었다(텔레비전은 아직 발명되기 전이었는데, 훗날 아인슈타인은 그 발명에 도움을 주었다. 173쪽 참고)! 어쨌든 어린 시절에 기하학에 큰 관심을 가지고 공부한 것은 훗날 중력을 연구할 때 큰 도움이 되었다. 아인슈타인은 기하학에서 논리적 사고를 통해 놀라운 것들을 증명할 수 있다는 사실에 큰 매력을 느꼈는데, 훗날 그런 논리적 사고를 사용해 우주를 설명한다.

아인슈타인이 어린 시절에도 천재적인 생각을 얼마만큼 했을지 모르지만, 그랬다 하더라도 그것을 기억하는 증인이 없기 때문에 사실 여부는 확인할 길이 없다.

부모님은 대체로 성격이 좋고 느긋한 편이었다. 두 사람 다 유대 인이었지만, 유대 인의 관습을 엄격하게 지키진 않았다. 특히 아버지 헤르만은 성격이 태평했는데, 훗날 아인슈타인이 독일 국적을 거부하거나 학교에서 쫓겨날 짓을 하거나 역사상 최고의 과학자가 되거나 할 때에도 그런 태도를 보였다. 그가 좋아한 것은 시 읽기, 시골 길 산책하기, 맛있는 음식, 아내의 음악 연주, 그 중에서도 특히 바이올린 연주였다(아인슈타인도 바이올린에 심취해 평생의 취미로 삼았다).

그런데 아버지의 느긋한 성격은 약간 지나치기도 했다. 과학에 관심이 많던 그는 치밀한 사업 계획도 없이 친척에게서 돈을 빌려 여러 차례 전기 제품 회사를 세웠다. 처음에는 사업이 잘되어 모두가 기뻐했으나, 얼마 안 가 회사들은 번번이 파산했고, 친척들(특히 돈을 빌려 준 사람들)은 고개를 절레절레 흔들며 혀를 찼다.

그렇지만 그것은 아버지의 잘못만은 아니었다. 그 당시 독일은 살기가 아주 어려운 곳이었다.

**힘든 시절**

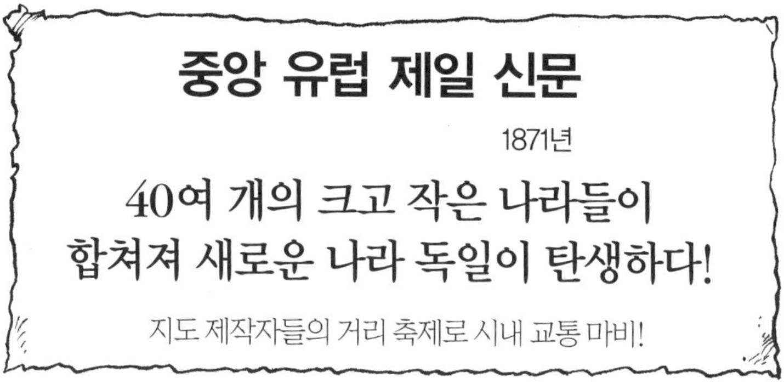

### 중앙 유럽 제일 신문

1871년

40여 개의 크고 작은 나라들이 합쳐져 새로운 나라 독일이 탄생하다!

지도 제작자들의 거리 축제로 시내 교통 마비!

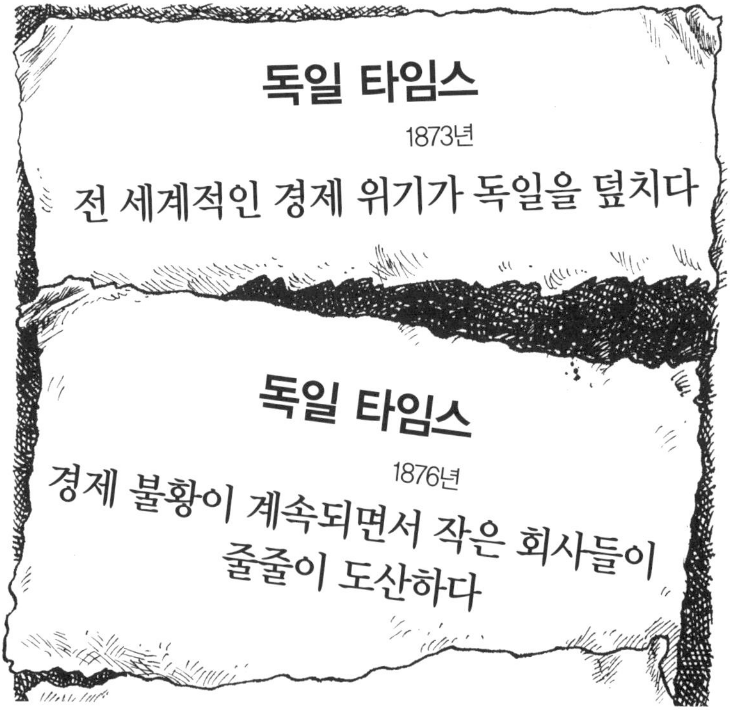

### 독일 타임스

1873년

전 세계적인 경제 위기가 독일을 덮치다

### 독일 타임스

1876년

경제 불황이 계속되면서 작은 회사들이 줄줄이 도산하다

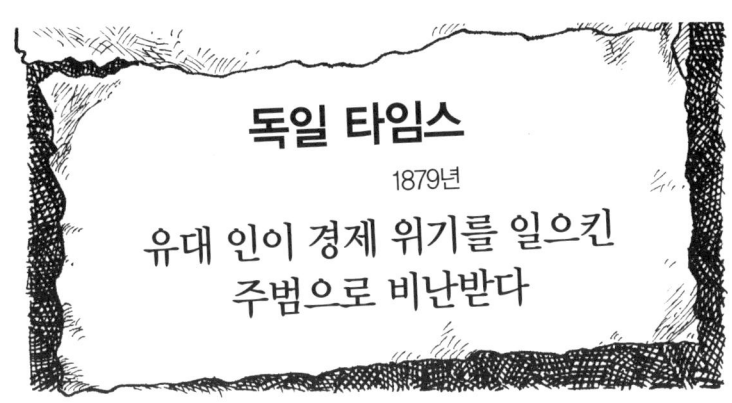

독일은 점점 호전적으로 변해 가고 있었다. 모든 남자는 2년 동안 군 복무를 해야 했고, 무기를 만드는 데 많은 돈을 쏟아 부었으며, 정치인과 심지어 택시 운전기사도 군복을 입었고, 불평을 하는 사람들을 처벌하는 법이 통과되었다.

아인슈타인은 군사적인 것을 몹시 싫어했다. 한번은 병사들이 행진하는 것을 아버지와 함께 지켜보다가 이렇게 말한 적도 있었다.

그러나 아인슈타인은 초등학교 시절부터 평생 동안 군사적인 문화와 그런 생각에 사로잡힌 사람들과 맞닥뜨리게 된다. 그것도 초등학교에 입학하면서부터! 뭐라고? 여러분도 규율이 많은 학교 생활이 힘들어 불만이 많다고?

그렇다고 아인슈타인이 그렇게 착하고 평화적인 어린이는 아니었다. 걸핏하면 화를 냈고, 정말로 화가 나면 코 색깔이 하얗게 변했다. 아인슈타인이 5세 때, 아버지는 훌륭한 가정교사를 붙여 주었지만, 그렇게 어린 나이에도 아인슈타인은 자기 성질을 참지 못하고 폭발하곤 했다.

불쌍한 선생님은 아무 잘못이 없는데도 쫓겨나야 했다. 문제는, 다른 사람이 자신에게 무엇을 하라고 시키고, 그것을 그대로 따라하라고 하는 것을 참지 못하는 아인슈타인의 성격에 있었다. 그것보다는 혼자서 스스로 생각해 답을 알아내는 걸 좋아했다. 다른 어린이가 그랬다면 평생 고생하면서 살았겠지만, 아인슈타인의 경우에는 그 방법이 통했다. 사실 그러지 않았더라면 아인슈타인은 결코 유명해지지 못했을 것이다.

## 훌륭한 병사를 키우기 위한 학교

아인슈타인은 6세 때 가톨릭 학교인 페터스슐레에 입학했다. 전교생 수는 2000명이 넘었고, 한 교실에 70명이 공부했다. 공부는 어떤 것을 달달 외울 때까지 반복하는 방식이었고, 선생님은 학생들을 독려하기 위해 작대기로 손등을 때렸다.

선생님들은 학교를 작은 병영처럼 만들려고 노력했는데, 아인슈타인은 그것이 무지무지 싫었다. 아인슈타인은 대체로 말을 잘 들었고 말썽을 피우지 않았으며 대부분의 과목에서 좋은 점수를 받았지만, 학교에 다니는 것을 싫어했다. 그래서 얼마 지나지 않아 스스로 외톨이가 되었는데, 나머지 생애도 대체로 그런 식으로 살아갔다.

몇 년 뒤에 가족이 뮌헨으로 이사하자, 이번에는 루이트폴트 김나지움으로 전학 갔는데, 이 학교 역시 마음에 안 들기는 마찬가지였다.

## 루이트폴트 김나지움 교칙

1. 라틴 어와 그리스 어를 의무적으로 배워야 한다.
2. 라틴 어와 그리스 어를 의무적으로 좋아해야 한다.
3. 모든 학생은 배운 것을 달달 외워야 한다. 이해하는 것은 중요하지 않다.
4. 물리학은 7학년에 가서야 배운다.
5. 혼자서 생각하는 것 금지.
6. 잘난 듯이 미소를 지어서는 안 된다.
7. 교칙에 대한 불평 금지.

가련한 아인슈타인! 그는 라틴 어와 그리스 어를 싫어했다. 정말로 좋아한 것은 물리학이었는데, 그걸 배우려면 7년이나 기다려야 했다! 그렇게 공부해 가지고는 유명한 물리학자가 된다는 것은 어림도 없는 일이었다. 선생님들도 아인슈타인이 그다지 특출한 사람이 될 것이라고는 생각하지 않았다. 아버지가 아인슈타인이 커서 어떤 직업을 선택하는 게 좋겠느냐고 묻자, 선생님은 이렇게 대답했다고 한다.

그건 신경 쓰지 않아도 돼요. 아무것도 되지 못할 테니까.

아인슈타인은 훗날 유대 인이란 신분 때문에 큰 어려움을 겪게 되지만, 어린 시절에는 오히려 큰 도움이 되었다. 왜냐하면 유대 인 가정에서는 매주 가난한 유대 인 학자를 저녁 식사에 초대하는 전통이 있었기 때문이다. 부모님은 유대 인의 전통을 그다지 엄격하게 지키지는 않았지만, 매주 목요일마다 막스 탈무드라는 의과 대학생을 저녁 식사에 초대했다. 두 사람이 처음 만났을 때, 탈무드는 21세, 아인슈타인은 10세였다. 탈무드는 아인슈타인이 과학에 관심이 많다는 것을 알고는 과학에 관련된 책을 많이 빌려 주었다. 아인슈타인은 그 책들이 마음에 들어 열심히 읽고 탈무드와 토론을 했다. 탈무드는 과학뿐만 아니라 아주 어려운 철학에 관한 책까지 점점 더 어려운 책들을 빌려 주었다.

### 아인슈타인의 사라진 공책

독서 목록:
칸트의 순수 이성 비판(비교적 쉬운 책!)
평면기하학(너무 좋은 책! 내 마음에 쏙 든다!)
다윈(좋은 책이지만, 생물학은 내 취향에 맞지 않는다.)

아무리 어려운 책이라도 아인슈타인은 그 내용을 척척 이해했다. 심지어 얼마 지나지 않아 탈무드에게 어려운 질문을 던져 쩔쩔매게 했다.

이렇게 종교(유대교)는 아인슈타인이 과학에 관심을 가지게 하는 계기가 되었지만, 과학은 종교에서 벗어나게 하는 계기가 되었다. 11세 무렵에 아인슈타인은 신앙심이 아주 깊어 기도와 설교를 하고, 종교 서적도 많이 읽었다. 심지어 찬송가를 작곡해 학교 가는 길에 부르기도 했다. 하지만 과학 책과 마찬가지로 종교 서적도 진리를 알려고 읽었다. 그리고 늘 그런 것처럼 읽은 것을 무조건 믿거나 받아들이진 않았다. 그러려면 우선 그 내용이 이치에 맞아야 했다. 그런데 종교 서적에 쓰인 내용은 읽으면 읽을수록, 그리고 생각하면 생각할수록 말이 되지 않았다. 그러다가 마침내 어느 날……

그 후로 아인슈타인이 정말로 믿었던 건 과학뿐이었으며, 그것도 자신의 철저한 논증과 검증을 거친 것이어야 했다. 배운 과학을 검토하다가 일부 내용이 종교와 마찬가지로 엉터리라는 사실을 깨달았기 때문이다. 하지만 학교에서는 모든 것을 달달 외우기만 하고 의심을 품지 말라고 가르쳤다. 그럴수록 아인슈타인은 점점 더 학교를 싫어하게 되었다. 아인슈타인은 그런 게 도저히 마음에 들지 않았다. 그런 환경에서 벗어나길 원했고, 가능하면 빨리 벗어나고 싶었다.

**새로운 삶**

아인슈타인은 점점 호전적으로 변하는 독일을 떠나고 싶어도 떠날 수가 없는 처지였지만, 아버지는 떠나고 싶지 않아도 떠나야만 하는 처지였다. 야코프와 함께 운영하던 전기 제품 회사 형편이 날로 어려워졌다. 작은 회사로 큰 회사들과 경쟁한다는 게 쉽지 않았다. 아인슈타인이 15세이던 1894년, 마침내 회사가 파산했고, 아인슈타인 가족은 이탈리아로 이사했다. 음, 정확하게는 모든 가족이 다 이사한 것은 아니었다. 왜냐하면……

부모님은 아인슈타인을 먼 친척 집에 맡기고 떠나기로 결정했다. 그렇지만 학교를 그만두는 것이야말로 아인슈타인이 무엇보다도 바라던 것이었다. 학교도 친척 집도 다 싫었다. 그래서 궁리 끝에 꾀를 짜냈다.

그래서 아인슈타인은 졸업장도 얻지 못한 채 학교를 그만두었다. 그렇지만 그 덕분에 군대를 가지 않아도 되었다. 아인슈타인은 사전에 연락도 없이 이탈리아에 있는 가족을 찾아갔다. 가족은 놀랐지만, 크게 나무라진 않았다. 그리고 아인슈타인이 품고 있던 그 다음번 계획에 대해서도 별로 신경 쓰지 않았다.

아인슈타인은 싫어한 것은 독일 학교뿐만이 아니었다. 자신이 독일인이라는 것 자체도 너무 싫었다. 그래서 독일 국적을 버리기로 결정하고, 아버지를 설득해 자신의 독일 국적 포기 신청서를 써 달라고 했다. 그렇다고 해서 이탈리아 인이 된 것도 아니었다. 무국적자, 다시 말해서 어느 나라 국민도 아닌 신분이 되고 말았는데, 국적 따위에 아무 관심이 없던 아인슈타인은 그것이 더 마음에 들었다.

지긋지긋하던 독일 학교에서 해방된 아인슈타인은 하루하루가 마냥 행복하기만 했다. 이탈리아가 무척 마음에 들었고, 야코프 삼촌의 공장에서 일을 도와주며 지냈다. 야코프는 아인슈타인의 비상한 머리에 감명을 받아 이렇게 말했다.

"내가 조수인 공학자와 함께 며칠 동안 머리를 싸매고도 해결하지 못한 일을 이 어린 조카는 단 15분 만에 해결한다. 이 애는 언젠가 크게 성공할 것이다."

안타깝게도, 우리는 그 일이 무엇인지 알 도리가 없다.

아인슈타인의 다음 계획은 우주의 작용 원리를 알아내는 것이었다. 돈을 벌면서 그것을 연구할 수 있는 방법은 교수가 되는 것이 최선이라고 판단했다. 그렇지만 아버지는 아인슈타인이 전기공학자가 되길 원했다. 어쨌든 과학을 더 공부하고 싶었던 아인슈타인은 취리히에 있던 스위스 연방공과대학이 과학을 공부하기에는 최고의 학교라고 판단했다.

### 아인슈타인의 사라진 공책

스위스 연방공과대학 - 그 곳에 들어가야 하는 이유

1. 독일에 있지 않다.
2. 천재들이 많다.
3. 입학하는 데 고등학교 졸업장이 필요 없다. 난 그런 걸 받은 적이 없으니, 내게는 정말 딱이다!
4. 내가 할 것은 일 년 반 앞서 입학 시험에 합격하기만 하면 된다. 그러려면 천재여야 하는데, 난 이미 천재가 아닌가! 뭐, 시험 공부도 따로 할 필요가 없을 것이다.

그러나 불행하게도……

사실 아인슈타인은 굳이 대학에 가지 않아도 우주에 대한 연구를 충분히 할 수 있었다. 아라우에서 고등학교를 다닌 지 겨우 몇 달 뒤, 그러니까 16세 때 아인슈타인은 이미 우주에 관한 질문들을 던지기 시작했다. 그 답을 알아내는 데에는 10년이 걸렸지만, 결국은 우주의 큰 비밀들을 해결하고, 시간과 공간에 관한 수수께끼를 풂으로써 마침내 세계적인 유명 인사가 되었다.

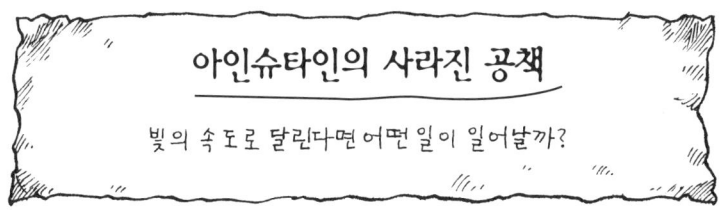

**아인슈타인의 사라진 공책**

빛의 속도로 달린다면 어떤 일이 일어날까?

# 절대적인 것은 없다?

아인슈타인이 빛의 속도로 달릴 때 어떤 일이 일어나는지 생각하기 시작할 무렵, 대부분의 과학자들은 우주의 작용에 관한 수수께끼는 전부 다 풀었다고 생각했다. 남은 것이라곤 약간의 마무리 손질뿐이며, 그것이 끝나고 나면 과학에서 연구할 것이 없어 이제 집으로 돌아가 편히 쉴 수 있을 것이라고 여겼다.

뉴턴과 그 친구들(그리고 그의 적들—뉴턴에게는 적이 아주 많았다!)은 행성들이 왜 그렇게 움직이고, 밀물과 썰물은 왜 일어나며, 겨울이 되면 왜 추운지를 비롯해 모든 현상을 다 설명하는 수학 법칙들을 발견했다. 그리고 우주를 설명하는 근사한 이론들을 만들어 냈다. 우주는 다양한 물체들로 가득 차 있지만, 모든 물체는 원자라는 작은 입자로 이루어져 있고, 입자들과 물체들은 몇 가지 힘의 작용으로 움직인다고 설명했다. 우주의 작용 방식은 거대한 당구 게임과 비슷한 것이었다.

# 진상 조사 X-파일

**아이작 뉴턴**

뉴턴은 아인슈타인의 이야기에 자주 등장한다. 둘 다 수학 이론을 이용해 우주의 작용 원리를 설명하려고 했기 때문이다. 아인슈타인 이전까지만 해도 뉴턴의 이론은 우주 최고의 이론이었다. 뉴턴은 다음과 같은 것들을 발견했다.

- 물체에 힘을 가했을 때 물체가 움직이는 방식
- 누구도 할 수 없었던 계산을 할 수 있는 새로운 수학
- 빛의 작용 방식
- 중력이라는 힘을 통해 모든 물체가 서로를 끌어당기는 방식

그렇지만 불세출의 천재였던 뉴턴도 중력의 본질이 무엇인지는 알지 못했다. 그것은 전체 이론 체계의 기반을 뒤흔들 수도 있는 골칫거리였다.

뉴턴 같은 과학자들은 미래도 예측할 수 있었다. 즉, 어떤 행성이 다음 주나 다음 세기에 정확하게 어디쯤 있을지 알 수 있었다. 물론 그러려면 복잡한 수학 계산을 아주 많이 해야 했는데, 그걸 일일이 종이 위에 손으로 써 가면서 계산했다. 그 당시에는 계산을 대신 해 줄 컴퓨터가 발명되지 않았기 때문이다. 그렇지만 시간만 충분히 준다면 힘든 계산을 통해 답을 얻을 수 있었다. 그런데 수성의 근일점 이동처럼 계산 결과와 일치

하지 않는 현상이 몇 가지 있었다. 근일점(近日點)은 태양의 둘레를 도는 행성이나 혜성이 태양에 가장 가까워지는 지점을 말한다. 수성의 근일점은 100년마다 약 43초(1도는 60분, 1분은 60초이므로, 1초는 3600분의 1도에 해당하는 아주 미세한 각도이다.)의 각도만큼 이동했는데, 과학자들은 그것을 제대로 설명하지 못했다. 그렇지만 계산 결과와 실제 관측 값과의 차이가 아주 작았으므로, 거기에 대해 사람들은 그다지 신경 쓰지 않았다.

뉴턴은 행성과 별과 사과를 비롯해 모든 것은 신이 만든 뒤에 저절로 돌아가게 한 거대한 시계 장치의 부품과 같은 것이라고 믿었다. 그래서 일정한 법칙에 따라 행성들은 태양 주위를 돌고, 원자들은 이리저리 날아다니다가 서로 충돌한다고 생각했다. 그리고 이 모든 사건은 무한히 뻗어 있는 공간과 늘 똑같은 속도로 영원히 흐르는 시간이라는 무대 위에서 일어난다고 믿었다. 뉴턴은 그런 공간을 '절대 공간'이라고 불렀는데, 어떤 물체들(태양이나 사람처럼)은 이 공간에서 움직이는 반면, 어떤 것들은 움직이지 않는다. 뉴턴은 움직이는 것은 '절대 운동' 상태에 있고, 움직이지 않는 것은 '절대 정지' 상태에 있다고 말했다.

이것은 아주 당연한 이야기처럼 들리지만, 그런데 과연 사실일까? 만약 여러분이 텔레비전을 켜 놓고 소파 위에 비스듬히 누워 이 책을 읽고 있다면, 절대 정지 상태에 있다고 생각할 것이다. 그렇지만 지구가 자전하기 때문에 여러분은 가만히 있어도 지구와 함께 우주 공간에서 시속 수백 km라는 속도로 움직이고 있다. 설사 여러분이 북극점에 있다 하더라도, 절대 정지 상태에 있는 것은 아니다. 지구는 자전 운동 외에도 태양 주위를 도는 공전 운동을 하기 때문이다. 그렇다면 태양은 정지하고 있을까? 태양 역시 우리 은하 중심 주위를 돌고 있으므로, 정지하고 있다고 말할 수 없다. 그렇다면 우리 은하는 어떤가? 우리 은하 역시 우주 공간에서 움직이고 있다. 이처럼 우주에서 절대로 정지하고 있는 것은 찾기가 어렵다.

아인슈타인이 어릴 때만 해도 과학자들은 이런 문제에 대해 신경을 쓰지 않았다. 우주는 별의별 기묘한 것들이 가득 차 있는 아주 복잡한 장소이지만, 그래도 우주가 어떻게 작용하는지는 대체로 다 안다고 생각했다. 그들은 이렇게 자만심에 푹 빠져 있었다. 누가 골치 아픈 질문을 던지기 전까지는. 그러니까 이런 질문 말이다.

누구나 이런 질문에는 답이 없다고 생각했다. 나중에 아인슈타인이 그 답을 알아내지만, 그 무렵에 그는 다른 복잡한 문제로 골머리를 썩이고 있었다. 그것은 빛의 속도로 달리면 어떤 일이 일어나는가 하는 것이었다.

이것은 특수 상대성 이론을 발견하는 계기가 된 질문 중 하나였다. 특수 상대성 이론은 우주의 작용 원리를 설명해 주지만, 그 내용이 너무나도 기묘하기 때문에 많은 사람들은 종종 이렇게 말한다.

그런데 상식이란 도대체 무엇인가? 그것은 세상이 어떤 식으로 돌아간다고 우리가 알고 있는 '지식'을 말한다. 그러한 상식은 우리가 시계를 본다든가 차를 타고 여행을 한다든가 시골길을 산책하는 등 일상생활 속에서 보고 듣고 경험하는 것을 바탕으로 하고 있다. 상식은 원자시계를 본다거나, 초속 수만 km로 달리는 미래의 우주선을 타고 여행한다든가,

태양보다 1,000배나 큰 별에서 산책을 하는 경험을 바탕으로 한 것이 아니다. 만약 우리가 이런 경험을 한다면, 우리도 아인슈타인만큼 상대성 이론을 잘 이해할 것이다. 그런 것을 경험할 수 있는 세계에서는 상대성 이론이 상식으로 통할 것이기 때문이다.

그런데 우리는 상식이 가끔 틀린 경우가 있다는 것을 알고 있다. 지구가 편평하다는 게 상식으로 통하던 시절도 있지 않았는가?

---

### 진상 조사 X-파일

**상대성 이론**

이제 여러분에게 작은 비밀 하나를 말해 줄 때가 된 것 같다. 물리학에 혁명을 가져온 아인슈타인의 상대성 이론은 아주 기본적인 개념이다. 그것은 아주 간단한 것이지만, 그와 동시에 다소 놀라운 것이기도 한데, 처음 들을 때에는 선뜻 믿기가 힘들기 때문이다. 상대성 이론이 주장하는 기본 개념은 이것이다.

## 절대 운동 같은 것은 존재하지 않는다.

세상에 존재하는 것은 상대 운동뿐이다. 그래서 이 이론을 상대성 이론이라 부른다. 이것을 조금 더 자세히 설명하는 게 좋겠다. 그러면 나머지 내용을 이해하는 데 큰 도움이 될 테니까.

전체 우주에 행성 하나와 태양 하나만 있다고 상상해 보라. 다른 행성이나 위성이나 별은 전혀 존재하지 않는다. 지금 여러분은 그 행성 위에 서서 태양이 하늘을 천천히 가로질러 가는 것을 본다. 태양은 어째서 저런 움직임을 보이는 것일까?

둘 중 어느 쪽 말이 맞는지 증명하는 게 가능할까?
불가능하다. 행성이 자전하고 있다 하더라도, 반대로 태양이 행성 주위를 돌고 있다 하더라도 혹은 두 가지 다 일어나고 있다고 해도, 어느 주장이 틀렸다고 증명하는 건 불가능하다. 사실은 이런 질문 자체를 던진 게 잘못이다. 이 질문은 "내가 너보다 큰 거야, 네가 나보다 작은 거야?"라는 질문과 비슷하다. 이것은 언뜻 이해하기 힘든 개념이다. 어느 한쪽, 예컨대 태양의 움직이고 행성이 움직이지 않는다는 쪽을 선택하더라도, 우주가 돌아가는 방식을 잘 설명할 수 있다. 이것은 사실의 문제가 아니고, 선택의 문제일 뿐이다. 유일한 사실은 하늘에서 태양의 위치가 계속 변한다는 것, 즉 태양이 우리에 대해 상대 운동을 한다는 것뿐이다.

아인슈타인은 실제로 존재하는 운동이 상대 운동뿐이라는 사실을 증명할 수 있었다. 지구가 정지해 있고, 태양과 달과 나머지 모든 별과 은하가 복잡한 길을 따라 지구 주위를 돈다고 가정하는 것도 얼마든지 가능하다. 그렇지만 그것은 옳거나 틀린 주장이 아니라, 그저 하나의 선택에 지나지 않는다. 대부분의 사람들은 평소에 대개 이런 관점을 선택해 세상을 바라본다. 그러나 달에 간 아폴로 우주선의 우주 비행사들은 달이 정지해 있고 지구가 움직이는 것처럼 이야기했다. 사람들은 평소에 주변의 사물들을 간단하게 설명할 수 있는 쪽을 선택하는 경향이 있다.

"차가 초속 10m로 달린다."라고 말하면, 사람들은 그것이 "차가 지면에 대해(상대적으로) 초속 10m로 달린다."라는 뜻으로 받아들인다. 그런데 그 대신에 "차가 태양에 대해 초속 3만 m로 달린다."라고 말할 수도 있고, "차가 은하 중심에 대해 초속 25만 m로 달린다."라고 말할 수도 있으며, "차가 자동차에 매달린 주사위에 대해 전혀 움직이지 않는다."라고 말할 수도 있다.

이 모든 이야기는 다 옳다. 어느 쪽으로 이야기하는가 하는 것은 그저 선택의 문제일 뿐이다. 그렇지만 어떤 것을 기준으로 하여 상대적으로 이야기하지 않는 한, 차가 실제로 얼마나 빨리 움직이는지 말하는 것은 불가능하다.

아인슈타인이 등장할 무렵, 과학자들은 물체의 절대 운동을 알 수 있는 방법을 발견했다고 생각했다. 그들은 우주 공간이 '에테르'라는 물질로 가득 차 있다고 믿었다. 에테르는 보이지 않지만 절대적으로 정지해 있는 물질이다. 따라서 에테르를 기준으로 삼으면 지구의 절대 속도를 측정할 수 있을 것이다. 여러 과학자가 에테르 속에서 움직이는 지구의 절대 속도를 측정하려는 실험을 했지만, 모두 실패로 끝났다. 과학자들이 좌절에 빠져 있을 때, 아인슈타인이 혜성처럼 나타나 이 모든 것을 말끔하게 정리해 주었다.

에테르의 존재를 확인하기 위한 실험들이 실패로 돌아간 것이 아인슈타인이 상대성 이론을 발견하는 데 중요한 계기가 된 것이 아니냐를 놓고 많은 논란이 있었다. 아인슈타인은 확실하게 말하지는 않았지만, 그가 말한 것을 종합해 볼 때 그렇지는 않은 것으로 보인다. 그의 논문이나 주장에서 에테르에 대한 이야기는 일절 나오지 않는다. 다만, 지나가는 이야기로 더는 에테르의 존재를 믿을 필요가 없다고 딱 한 차례 언급했을 뿐이다(에테르에 관한 이야기는 167쪽에서 다시 언급할 것이다).

어쨌든 아인슈타인 덕분에 과학자들은 더 이상 절대 운동을 측정하려고 애쓰지 않아도 되었다. 그런 건 존재하지 않는다는 걸 증명했기 때문에.

이제 절대 운동 같은 게 있다고 주장하는 과학자는 아무도 없다. 존재하는 운동은 오직 상대 운동뿐이다. 실질적으로 의미가 있는 운동도 상대 운동뿐이다. 그게 뭐가 그리 대단한 거냐고 말하고 싶겠지? 기다려 보라. 아인슈타인이 그것을 가지고 무엇을 보여 주는지.

## 여러분의 건강을 위한 경고!

이다음에 나오는 일부 내용은 처음에는 아주 어려워 보일 수 있다. 그렇지만 수학은 전혀 나오지 않으며, 여러분을 위해 52~53쪽에 요점 정리도 해 놓았다.

상대성의 세계에서는 속도를 초속 몇 km나 시속 몇 km보다는 광속(빛의 속도)을 기준으로 나타내는 게 편리하다. 그러니까 초속 15만 km라고 이야기하는 것보다는 0.5$c$라고 이야기하는 게 편하다. $c$는 빛의 속도(초속 약 30만 km)를 나타내는 기호이므로, 0.5$c$는 빛의 속도의 절반, 곧 초속 15만 km에 해당한다. 상대성의 효과가 슬슬 눈에 띄게 나타나려면, 속도가 정말로 빨라야 한다.

빛은 정말로 빠르다. 여러분이 집 앞의 가게까지 가는 데에는 10분쯤 걸리겠지? 그러나 여러분이 신발을 신을 때쯤이면 빛은 벌써 가게를 1000만 번이나 왔다 갔다 한 뒤일 것이다. 빛은 1초에 지구를 7바퀴 반이나 돌 수 있고, 달까지 가는 데에는 단 2초도 걸리지 않는다.

그렇지만 여러분이 이렇게 빠른 속도들에 익숙하고, 평소보다 수백만 배나 빨리 움직일 수 있다고 상상해 보라. 그러니까 광속의 절반 속도는 상상할 수 없을 정도로 빠른 게 아니라, 그냥 가볍게 산책하는 속도라고 생각해 보라. 아니면 반대로 빛이 초속 몇 m 정도로 아주 느리게 달린다고 생각해도 된다. 그러면 어떤 일이 일어날까? 아인슈타인은 이것을 깊이 생각해 보았다.

그렇게 되면 '상대성 원리'가 흔들릴 것 같았다.

음, 용어가 헷갈리긴 한데, 이참에 확실히 알아두자. 아인슈타인이 만든 것은 상대성 이론이지, 상대성 원리가 아니다. 상대성 원리는 수백 년 전부터 알려져 온 것으로, "우리가 정지해 있건, 등속 직선 운동을 하건 간에 상관없이 물리학 법칙은 똑같이 성립한다."는 원리이다.

그렇다, 당연한 것이다! 만약 상대성 원리가 성립하지 않는다면, 세상은 난장판이 되고 말 것이다. 스케이트보드를 탈 때 시간이 거꾸로 흐른다거나, 기차를 타고 가는 사람이 뒤로 튀어나간다면 어떻게 될지 상상해 보라!

그래서 움직이는 열차 안에서 사진기를 떨어뜨려도, 땅 위에서 떨어뜨리는 경우와 마찬가지로 바로 여러분의 발 위에 떨어진다. 상대성 원리는 뉴턴의 법칙들이 어디서나 똑같이 성립한다는 것을 뜻한다. 그러나 열차가 갑자기 속도를 늦추거나 모퉁이를 돌아갈 때에는 상대성 원리가 성립하지 않는다. 사진기는 발밑에 떨어지지 않고, 어딘가 다른 곳에 떨어질 것이다. 만약 열차가 급정거를 한다면, 사진기가 앞에 있는 벽에 가 부덮칠지도 모른다. 다음 몇 장에서는 아주 온순한 열차에 관해 이야기할 것이다. 그러니까 방향을 바꾸지도 않고, 속력도 변하지 않고, 똑바로 일정한 속력으로 달리는 열차 말이다.

상대성 원리는 "그 많은 초콜릿을 다 먹으면, 넌 배탈이 날 거야."라는 말처럼 따분한 소리로 들린다. 너무나도 당연한 이야기를 뭐하러 하나 싶을 것이다. 그러나 아인슈타인은 상대성 원리가 정말로 무엇을 의미하는지 생각하다가 시간에 관해 놀라운 사실을 발견했다.

### 운동의 수수께끼

상대성 원리는 여러 가지로 표현할 수 있다. 만약 물리학 법칙이 운동에 아무 영향을 받지 않는다면, 어떤 실험이나 기계, 측정, 관찰도 운동에 아무 영향을 받지 않는다는 뜻이 된다. 즉, 자신이 움직이고 있는지 정지하고 있는지 알 수 있는 방법이 없다. 따라서……

### 상대성 원리

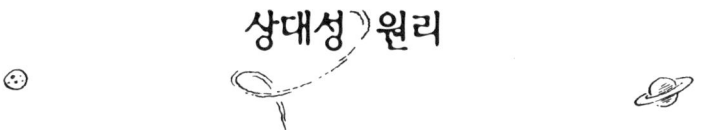

어떤 측정을 통해서도 자신이 정지하고 있는지 등속 직선 운동을 하고 있는지 알 수 있는 방법이 없다.

이 말은 좀 이상하게 들릴 것이다. 사람들은 자신이 움직이고 있다는 것을 잘 알지 않는가? 혹시 내가 잘못 알고 있는 것인가?

만약 여러분이 열차 안에 앉아 있다면, 열차가 움직인다는 것을 친구에게 어떻게 입증할 수 있겠는가?

사진기를 떨어뜨리는 것 역시 아무 도움이 안 된다. 그 밖의 다른 실험도 마찬가지다. 등속 직선 운동 상태와 정지 상태를 구별할 수 있는 방법이 없다.

정말로 그럴까? 사람들은 열차나 물체가 지구에 대해 상대적으로 움직인다는 건 안다. 그런데 실제로 움직이는 게 지구가 아니라 열차라는 걸 증명할 수 있는 방법이 있을까? 이것은 32쪽에서 나왔던 것과 똑같은 문제이다. 여러분이 절대적으로 정지하고 있는지 아닌지 알 수 있는 방법이 있는가?

이것은 아인슈타인의 이론에서 아주 중요하기 때문에, 한 번 더 반복해서 이야기하기로 하자.

"어떤 측정을 통해서도 자신이 정지하고 있는지 등속 직선 운동을 하고 있는지 알 수 있는 방법은 없다."

아인슈타인은 이 개념에 큰 흥미를 느끼고 더 깊이 연구해 보기로 했다. 과연 이 원리는 엄청나게 빠른 속도에서도 성립할까? 그때까지 빛보다 빨리 달리는 것은 발견된 적이 없었는데, 아인슈타인이 빛의 속도(초속 약 30만 km)로 달리면 어떤 일이 일어날까 상상한 것도 이 때문이었다. 빛이 우연히 그 속도로 빨리 달린다는 것 외에 그 속도 자체에는 특별한 것이 없다. 소리가 초속 330m로 달린다는 사실이 별 특별한 의미가 없듯이.

자신이 빛의 속도로 달린다고 상상해 본 아인슈타인은 그다음에 무엇을 해야 할지 알 수 있었다.

그렇지만 여러분은 모를 것이다. 광속으로 여행한다는 생각에서 시간에 관한 놀라운 결론이 나오기까지 아인슈타인의 놀라운 뇌 속에서 어떤 일이 일어났는지 그 누가 짐작할 수 있겠는가? 그렇지만 다음 장에서는 그런 결론에 이를 수 있는 한 가지 방법을 설명한다.

# 아인슈타인, 시간을 정복하다

### 여러분의 건강을 위한 경고!

이 장은 여러분을 요렇게 만들 수 있지만……. 
수식은 하나도 나오지 않으며, 다 읽고 나면 시간을 느리게 흐르게 하는 방법을 터득할 것이다.

속도와 빛, 시간에 관한 상식적인 개념이 아주 빠른 속도에서도 성립하는지 성립하지 않는지 알아보려고 한 아인슈타인의 시도를 그대로 따라해 보자. 자, 광속으로 달리는 열차 안에 앉아 있다고 상상해 보라. 몇 분 후면 화성에 도착하겠지만, 그

전에 열차 객차 뒤쪽 벽을 한번 쳐다보자.

신기하게도 뒤쪽 벽이 보이지 않을 것이다. 사실은 뒤쪽에 있는 것은 아무것도 보이지 않을 것이다. 왜 그럴까? 우리가 사물을 볼 수 있는 것은 사물에서 나온 빛이 우리 눈에 들어오기 때문이다. 그런데 뒤쪽 벽에서 나온 빛은 광속으로 달리는데, 여러분 역시 광속으로 달리고 있다. 따라서 뒤쪽 벽에서 나온 빛은 여러분을 결코 따라잡지 못하고, 여러분은 뒤쪽 벽을 볼 수 없을 것이다!

으스스하지? 그렇지만 이게 다가 아니다. 상대성 원리를 기억하고 있겠지? "어떤 측정을 통해서도 자신이 정지하고 있는지 등속 직선 운동을 하고 있는지 알 수 있는 방법은 없다."

그런데 똑똑한 독자라면 이 상황에서 자신이 움직이고 있다는 것을 알 수 있는 방법을 발견했다고 생각할 것이다. 뒤쪽 벽이 보이지 않는다면, 자신이 움직이고(광속으로) 있다는 걸 알 수 있지 않은가? 그러나 상대성 원리는 어떤 방법으로도 그것을 알 수 없다고 말하지 않았는가!

헷갈린다고? 상대성 원리는 절대로 틀려서는 안 되는 기본 법칙인데, 그것이 틀렸단 말인가?

상대성 원리가 옳다고 가정하고서 이 상황을 다시 검토해 보자. 상대성 원리에 따르면, 열차의 모습을 보는 것만으로는 자신이 움직인다는 것을 알 수 없다. 그렇다면 열차가 아무리 빨리 달리더라도 평소와 다름없이 정상적으로 보여야 한다. 즉, 뒤쪽 벽에서 나온 빛이 평소처럼 여러분의 눈에 들어와야 한다.

다른 답은 있을 수가 없다. 만약 상대성 원리가 옳다면, 열차는 평소와 다름없이 보여야 하고, 빛은 정상적인 방식으로 움직여야 한다. 그러려면 빛은 열차의 움직임은 완전히 무시하고, 평소처럼 빛의 속도로 뒤쪽 벽에서 여러분의 눈으로 날아와야 한다. 마치 열차가 전혀 움직이지 않는 것처럼! 움직이는 사람이건 움직이지 않는 사람이건 빛의 속도는 모든 사람에게 똑같이 보여야 한다.

얼핏 보면 당연해 보일지 모르지만, 이것은 사실 말이 안 되는 이야기이다. 여기서 아인슈타인은 빛이 다른 물체하고는 아주 다른 행동을 보인다는 사실을 깨달았다. 크리켓 경기에서 투수는 달려가면서 공을 던지는데, 제자리에서 서서 던지는 것보다 달려가면서 던지면 공이 더 빨리 날아가기 때문이다. 투수가 달리는 동안 공은 이미 투수와 같은 속도로 움직이고 있기 때문에, 거기서 투수가 공을 던지면 그만큼 더 빠른 속도로 날아간다.

초속 5m로 달리는 투수
공을 초속 10m로 던진다.
그러면 공은 초속 15m로 날아간다.

만약 투수가 달리다가 공을 던지는 대신에 손전등 불빛을 비춘다고 한다면, 그 광선은 평소의 광속에다가 투수가 달리는 속도를 더한 속도로 나아가야 할 것이다. 그러나 아인슈타인은 그런 일은 일어나지 않는다고 말한다. 투수가 아무리 빠른 속도로 달린다 하더라도, 불빛은 똑같이 초속 30만 km로 나아간다. 설사 투수가 광속으로 달리면서 불빛을 비춘다 하더라도, 타자가 불빛의 속도를 측정한다면 정확하게 초속 30만 km가 나올 것이다.

상식을 뒤집는 이 놀라운 결론에도 불구하고, 아인슈타인은 그것이 옳다고, 즉 빛은 누구에게나 똑같은 속도로 측정된다고 가정하고서 거기서 더 생각해 보았다. 이것은 정말로 중요한 사실이니, 머릿속에 꼭꼭 담아 두도록 하라.

## 얼마나 빠른 속도로 움직이느냐에 상관없이, 빛의 속도는 누구에게나 똑같다.

이 기묘한 사실은 수없이 증명되었는데, 오직 빛(그리고 전파처럼 빛과 같은 속도로 움직이는 것들)에만 적용된다. 예를 들어 소리에는 적용되지 않는다. 음파의 발생원에서 멀어지는 방향으로 움직이면서 음파의 속도를 측정하면, 가만히 서서 측정할 때보다 음파의 속도가 더 느리다. 그리고 초음속 비행기처럼 충분히 빨리 달리면, 음파의 추격에서 완전히 벗어날 수 있다. 그래서 초음속 비행기를 타면 소리보다 앞서 달리기 때문에 엔진 소리가 들리지 않는다. 그러나 빛은 예외다. 아무리 빨리 달린다 하더라도, 빛은 항상 여러분을 따라잡으며, 그것도 항상 똑같은 속도로 달려온다.

그런데 왜 그럴까? 아인슈타인은 이 기묘한 사실을 어떻게 설명할 수 있었을까? 그는 스스로 반문해 보았다. 속도란 도대체 무엇인가? 그것은 그저 어떤 거리를 이동하는 데 걸리는 시간이 아닌가?

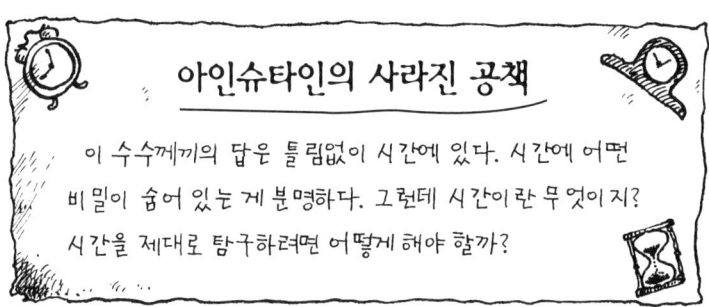

시간을 탐구하는 한 가지 방법은 시계를 사용하는 것이다. 그러니까 이런 특수 시계 말이다.

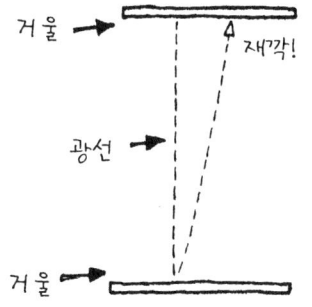

광선이 두 거울 사이에서 반사되며 왔다 갔다 한다. 그리고 거울에 한 번 부딪칠 때마다 한 번씩 재깍거린다.
(만약 두 거울 사이의 간격이 30cm라면, 이 시계는 1초에 10억 번 재깍거릴 것이다.)

이런 종류의 시계는 그다지 좋은 것이라고 할 수 없다. 그 이유는 첫째, 어디까지나 상상의 시계에 지나지 않고, 둘째, 이 시계를 보고 달걀을 삶으려면, 3000억 번이나 재깍거리는 걸 세어야 하기 때문이다.

그렇지만 빛 시계는 생각하기가 아주 간단하고(많은 톱니바퀴와 뻐꾸기가 있는 시계보다 훨씬 간단하다), 고속 여행의 효과를 연구하는 데에는 빛을 살펴보는 게 아주 좋은 방법이다. 그럼 빛 시계를 가지고 고속 여행을 떠나 보자. 점점 빨리 달리면 빛 시계에 어떤 일이 일어날까?

자, 여러분은 초속 수십만 km의 속도에 익숙해 있다고 가정하자. 따라서 빛의 속도도 아주 느리게 보이고, 1억분의 1초(10나노초)도 아주 긴 시간으로 느껴진다.

꺼벙이라는 친구가 빛 시계를 들고 여러분 앞에 서 있다고 하자. 여러분은 시계 안에서 광선(밝은 빛의 점으로 보이는)이 위 아래로 직선으로 왕복하는 걸 지켜본다. 캄캄한 밤이라서 친구와 시계는 흐릿하게 보이지만, 위아래로 움직이는 빛의 점은 마치 누가 야광봉을 들고 위아래로 흔드는 것처럼 선명하게 보인다. 빛이 거울에 닿을 때마다 시계가 재깍거린다. 여러분의 귀에는 1나노초마다 한 번씩 재깍거리는 소리가 들린다. 물론 빛의 점이 빛의 속도로 움직이는 것도 볼 수 있을 것이다.

잠깐, 졸지 마라! 곧 기묘한 일이 일어날 테니까!

이제 꺼벙이가 빛 시계를 들고 광속의 4분의 1에 해당하는 속도로 걸어가기 시작한다. 그러면 여러분에게는 빛의 점이 어떻게 보일까?

이제 꺼벙이가 달리기 시작한다. 지그재그 모양이 이런 식으로 변했다.

눈치 채지 못했는가? 꺼벙이가 빨리 달릴수록 빛의 점이 한 번 왕복하는 거리는 점점 더 길어진다(자가 있으면, 마지막 그림의 지그재그 하나를 재 보라. 그것은 앞 그림의 지그재그보다 길고, 꺼벙이가 움직이지 않을 때의 지그재그보다 훨씬 길다).

그런데 그게 그렇지 않다! 빛은 더 빨리 달릴 수가 없다. 빛의 속도는 빨리 움직이는 사람이나 정지해 있는 사람이나 누구에게나 똑같기 때문이다.

더 먼 거리를 움직였는데도 속도가 빨라지지 않는다면, 빛이 거울에 가 닿는 데 걸리는 시간, 즉 한 번 재깍거리는 시간이 더 길어져야 한다. 다시 말해서, 시계가 느려지는 것이다.

그런데 시간과 공간의 수수께끼를 자세히 파헤치고, 정말로 빠른 여행을 하기 전에 꼭 알아두어야 할 사실이 세 가지 있다.

**1.** 꺼벙이가 볼 때에는 빛은 지그재그를 그리지 않는다. 시계를 들고 가기 때문에, 꺼벙이의 눈에는 빛의 점이 위아래로 이전과 똑같은 거리를 똑같은 속도로 움직이는 것으로 보이고, 한 번 재깍거리는 데 걸리는 시간도 이전과 똑같다.

**2.** 이것은 일상 생활에서 경험하는 속도로 움직이는 사물들에 일어나는 사건하고는 아주 다르다. 꺼벙이가 여러분 앞에서 요요를 가지고 논다고 상상해 보자. 요요는 일정한 속도로 위아래로 움직인다. 한 번 왕복하는 데 1초가 걸린다고 하자. 만약 꺼벙이가 여러분 앞을 달려간다면, 요요는 47쪽의 그림처럼(혹은 꺼벙이가 엄청나게 빠르다면 마지막 그림처럼) 지그재그를 그릴 것이다. 그러나 요요는 꺼벙이가 달리는 속도에 관계 없이 꺼벙이와 함께 있고, 위아래로 움직이는 속도도 전과 똑같다. 요요가 한 번 왕복하는 데 걸리는 시간은 1초 그대로이다. 그렇다면 요요가 지그재그 방향으로 움직인 속도는 정지하고 있을 때보다 더 빠르다는 이야기가 된다. 여기에는 아무 문제가 없다. 왜냐하면, "얼마나 빠른 속도로 움직이느냐에 상관없이, 요요의 속도는 누구에게나 똑같다."라는 법칙은 없기 때문이다.

**3.** 이런 효과(시간 지연 효과)가 눈에 띌 정도로 나타나려면 속도가 정말 빨라야 한다. 초속 75km로 달리는 우주선에 시계 하나를 실어 1년 동안 여행하게 한 뒤에 지구에 있던 시계와 비교해 보면, 느려진 시간은 겨우 1초 정도밖에 되지 않는다. 그렇지만 시간 지연 효과가 쉽게 나타나는 것이라면, 아인슈타인

이전에 이미 누가 그것을 발견했을 것이다.

  빠른 속도로 움직이는 빛 시계의 시간이 느리게 흐른다면, 다른 물체들은 어떻게 될까? 상대성 원리에 따르면, 움직이는 것에 타고 있는 사람은 자신이 움직이는지 않는지 알 수 있는 실험 방법이 없다고 했다. 그러나 빠른 속도로 달릴 때 빛 시계가 느려진다면, 그것을 보고 자신이 움직인다는 걸 알 수 있지 않을까? 그런데 거기에 타고 있는 사람 역시 느려진다면 그것을 알 수 없다! 즉, 우주선 안에 있는 모든 것, 그러니까 모든 시계와 기계와 심지어 여행자의 몸과 생각까지 느려진다! 움직이는 것 안에서는 시간 자체가 느려지는 것이다! 그러면 우주선 안에 있는 사람도 시간이 느려진다는 걸 알아채지 못하게 되는데, 상대성 원리가 성립하려면 이 길밖에 없다. 그래서 우주선 안에 있는 사람은 아무런 변화를 느끼지 못하는데, 그 안에 있는 모든 것이 똑같이 느려지기 때문이다. 오직 밖에 있는 사람만이 그 안의 시간이 느려지는 걸 알아챌 수 있다.

---

**시간과 공간에 관한
첫 번째 비밀:**
움직이는 물체는 시간이 느려진다.

---

  따라서 안이 들여다보이는 로켓에 깐죽이 고모를 태워 광속에 가까운 속도로 여행을 보내고, 여러분은 지상에 남아 관찰하면, 로켓이 빨라질수록 깐죽이 고모의 행동과 빛 시계의 깜박임이 점점 느려지는 것을 보게 될 것이다. 깐죽이 고모가 광속으로 여행하는 것은 불가능하지만, 광속에 아주 가까운 속도

로 여행할 수는 있는데, 그렇게 되면 깐죽이 고모의 움직임은 얼어붙은 듯이 거의 움직이지 않을 것이다.

한편, 깐죽이 고모가 망원경으로 지상을 내려다보면, 반대로 지상에서 그것과 똑같이 기묘한 일이 일어나는 걸 보게 될 것이다. 자신의 빛 시계와 심박동, 생각 등은 평소와 다름없이 똑같은 속도로 움직이지만, 밖에 있는 나머지 것들이 모두 느려진 것처럼 보인다. 광속에 아주 가까워지면, 새들은 날개를 전혀 까닥거리지도 않고 공중에 떠 있고, 강물은 달팽이보다 더 느리게 흘러가며, 여러분은 살아 있는 조각상처럼 보일 것이다.

그런데 아인슈타인은 어떤 로켓이나 행성도 광속으로 달릴 수 없다는 것을 증명했다고 하지 않았는가? 그렇다면 광속으로 여행하면 어떤 일이 일어날까 하는 질문에 대한 답은 생각할 필요도 없지 않은가? 어차피 그런 일은 일어날 수 없을 테

니까(189쪽에서 그런 여행을 하려고 시도하는 사람에게 어떤 기묘한 일들이 일어나는지 보게 될 것이다). 그렇지만 아인슈타인은 그 질문에 대한 답을 찾으려고 하는 과정에서 고속으로 달리면 시간이 느려진다는 것을 비롯해 놀라운 사실들을 발견할 수 있었다.

이것이야말로 특수 상대성 이론의 핵심이다. 자, 그러면 여기서 요점 정리를 하고 넘어가기로 하자.

### 요점 정리
## 아인슈타인의 놀라운 이론: 시간과 운동

1. 우리가 움직이든 움직이지 않든, 물리학 법칙은 똑같이 적용된다(상대성 원리).

2. 이것은 자신이 움직이고 있는지 정지하고 있는지 확실히 알 수 있는 방법이 없다는 것을 뜻한다.

3. 그렇지만 자신이 움직이고 있는지 알 수 있는 방법이 한 가지 있다. 만약 광속으로 달린다면, 우주선 내부가 다르게 보일 것이다(뒤쪽에서 오는 빛이 결코 우리를 따라잡지 못할 것이기 때문에).

4. 그러나 상대성 원리가 깨져서는 안 된다. 그렇다면 우리가 움직이든 움직이지 않든, 빛의 속도는 늘 똑같아야 한다. 그래서 아무리 빠른 속도로 달린다 하더라도 우주선 내부의 모습은 평소와 똑같을 것이다.

5. 그렇지만 자신이 움직인다는 것을 알 수 있고, 상대성 원리

가 성립하지 않음을 증명할 수 있는 방법이 있다. 우주선과 함께 빠른 속도로 움직이는 두 거울 사이에서 왔다 갔다 하는 빛은 더 많은 거리를 달려야 하므로 우주선 안의 빛 시계는 평소보다 더 느리게 갈 것이다.

6. 이 모순을 해결할 수 있는 방법은 움직이는 우주선 안의 모든 것이(심지어 우리 마음까지도) 빛 시계와 똑같이 느려지는 것뿐이다.

7. 즉, 빠른 속도로 움직이는 물체에서는 시간이 느려지지만, 밖에서 볼 때에만 그렇다.

8. 우주선을 타고 여행하는 사람은 우주선 안에서는 이상한 것을 전혀 느끼지 못하는 반면, 밖에서 일어나는 일들이 느려지는 것처럼 보인다.

이 모든 것이 그저 그럴듯한 가설에 불과한 것 같다면, 77쪽까지 계속 읽어 보라. 거기서 실제 우주가 이렇게 돌아간다는 걸 뒷받침하는 증거를 몇 가지 보게 될 테니까.

그런데 아인슈타인이 시간에 대해 알아낸 이 사실들은 시작에 불과했다.

## 탈출

아인슈타인이 시간의 비밀을 알아내고, 물체의 속도에 따라 시간이 어떻게 변하는지 계산해 내는 데에는 약 10년이 걸렸다. 시간이 그렇게 오래 걸린 것은 그것이 너무나도 기묘한 개념인 탓도 있지만, 그 동안 다른 일들로 바빴기 때문이다.

아인슈타인은 취리히 연방공과대학 입시에 낙방한 뒤, 스위스 아라우에 있는 고등학교를 1년간 다니며 공부했다. 그렇지만 선생님들은 아인슈타인을 그다지 높게 평가하지 않았다.

| 스위스 아라우 고등학교 알베르트 아인슈타인(16세)의 성적표 ||
|---|---|
| 물리학 | 좀더 노력이 필요함 |
| 화학 | 평균 이하 |
| 이탈리아 어 | 형편 없음 |

| | |
|---|---|
| 프랑스 어 | 끔찍함 |
| 노래 | 묻지도 마라! |
| 체육 | 생각도 하지 마라! |

그래도 아인슈타인은 거기서 즐겁게 잘 지냈고, 성적도 곧 좋아졌다. 아인슈타인 앞에 새로운 삶이 펼쳐졌다. 독일 국적을 포기했고, 종교도 버렸고, 학교를 옮겼으며, 심지어 새 가족(빈텔러 가족)과 함께 살게 되었다. 빈텔러 가족과 가깝게 지내다 보니 그 집 딸 마리와 사랑에 빠졌다(그 당시 마리는 아인슈타인보다 두 살 연상인 18세였다). 사랑이 계속되는 동안은 행복했지만, 그것은 오래 가지 않았다. 두 사람의 사랑은 몇 달 만에 깨지고 말았다.

곧 시험을 치러야 할 시기가 다가왔다. 이번에는 좋은 성적으로 스위스 연방공과대학에 무난히 입학했다. 대학 생활은 즐거웠지만 아인슈타인이 진지하게 여긴 것은 일부 과학 강의뿐이었다.

아인슈타인은 친구들과 과학에 대해 많은 대화를 나누었는데, 프리드리히 아들러와는 정치에 관한 대화도 많이 나누었다. 아들러는 정치적으로 좌파에 속했는데, 아인슈타인은 그의

견해에 많이 동조했다(그 당시에는 그것에 대해 진지하게 생각한 것은 아니지만). 그렇지만 아인슈타인은 정치적 이유 때문에 누구를 죽여야겠다는 생각은 절대로 하지 않았다. 그렇다면 그런 생각을 한 사람이 있었단 말인가?

한편, 아인슈타인은 교수들에게 실망을 느꼈다. 강의가 마음에 들지 않았고, 시험도 아주 싫었다.

사실 아인슈타인은 물리학을 아주 잘했다. 다만 교수들이 가르쳐 주는 것에는 관심이 없었고, 스스로 공부를 했다. 구할 수 있는 책은 모조리 다 읽었는데, 특히 전자기학을 좋아했으며, 제임스 클러크 맥스웰은 그가 숭배한 사람 중 한 명이었다. 맥스웰은 간단한 네 가지 방정식으로 모든 전자기 현상을 설명하는 대단한 업적을 남겼다. 뉴턴은 우주의 모든 운동과 중력에 관한 현상들을 몇 가지 방정식으로 설명했는데, 아인슈타인은 전체 우주에 대해 그와 똑같은 일을 하고 싶었다.

**문제**

1900년, 아인슈타인은 마지막 시험에서 비교적 좋은 성적을 얻어 졸업을 했다. 졸업을 한 뒤에는 좋은 일자리를 얻어 자리를 잡고, 밀레바와 결혼하고 나서 우주의 수수께끼를 풀려고 했지만……

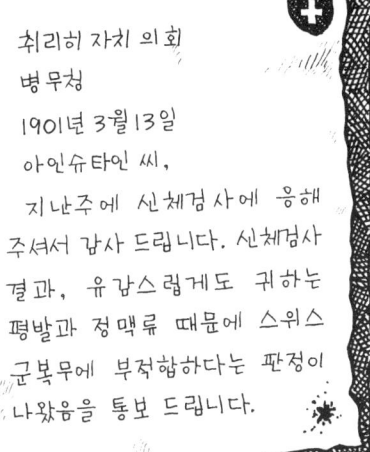

아인슈타인의 아버지는 빌헬름 오스트발트라는 유명한 화학자에게 아들의 일자리를 부탁하는 편지까지 썼지만 아무 소용이 없었다.

할 수 없이 아인슈타인은 공업 전문대학에 임시 강사 자리를 얻었다. 문제는 가르치는 과목이 대학 시절에 제대로 공부하지 않은 화법기하학(3차원 공간 도형을 2차원 평면 위에 정확하게 나타내고, 이 도형들 사이의 상호 관계를 연구하는 학문)이었다는 것!

결국 그 일을 하다 그만둔 뒤, 개인 가정교사 자리를 얻었다. 처음에 아인슈타인은 자신을 고용한 사람과 함께 먹고 자면서 생활해야 했는데, 그것이 도저히 마음에 들지 않았다. 그래서 많은 논쟁을 벌인 끝에 마침내 고용한 사람이 비용을 부담하는 조건으로 호텔에서 자고 식당에서 먹으면서 지내게 되었다.

다행히도 얼마 뒤 스위스 특허국에서 일하던 친구 그로스만이 그곳에 자리가 생겼다고 알려 주었다. 그래서 아인슈타인은 특허국이 있는 베른으로 갔다. 돈이 궁했던 아인슈타인은 특허국에서 정식 직원 채용 공고가 나오길 기다리는 동안 신문에 광고를 냈다. 아마도 그 광고는 다음과 비슷한 것이 아니었을까?

### 수학 및 물리학 무료 강의

곧 세계적으로 유명해질[1] 불세출의 천재가 이 광고를 읽는 사람들에게만 수학이나 물리학 강의를 공짜로 들을 수 있는 기회를 드립니다. 추후의 강의는 소액[2] 의 수업료만 내면 들을 수 있습니다.

만족스럽지 않다면 언제든지 환불해 드립니다.[3]

최초의 신청자에게는 공짜로 뻐꾹 시계[4] 를 드립니다.

공짜 강의를 들을 수 있는 절호의 기회를 놓치고 싶지 않으면, 다음 주소로 연락하세요.

베른 게레히티키카이 드 거리 32번지
알베르트 아인슈타인

저렴한 가격에 수수께끼를 푸는 서비스도 제공합니다.[5]

1. 이건 사실임.
2. 비교적.
3. 단, 첫 번째 강의에 대해서만.
4. 최신 상상 모형임.
5. 우주의 수수께끼에 한해서.

루마니아 출신의 모리스 솔로빈이라는 학생이 이 광고를 보고 연락을 해 왔는데, 아인슈타인과 솔로빈은 죽이 아주 잘 맞아 공식 강의가 끝난 뒤에도 온갖 주제에 대해 토론을 나누었다. 얼마 후, 수학 교사가 되기 위해 공부하고 있던 콘라트 하비히트도 합류해 세 사람은 과학과 철학에 대해 열띤 토론을 나누었다. 결국 세 사람은 그것을 위해 특별한 협회를 만들기로 결정했다.

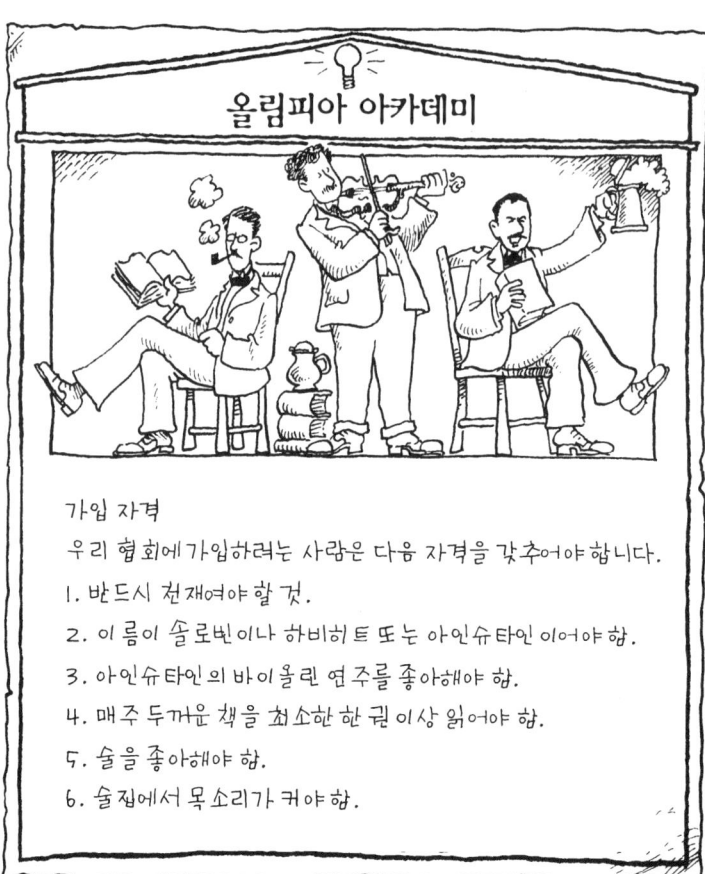

**가입 자격**

우리 협회에 가입하려는 사람은 다음 자격을 갖추어야 합니다.
1. 반드시 천재여야 할 것.
2. 이름이 솔로빈이나 하비히트 또는 아인슈타인이어야 함.
3. 아인슈타인의 바이올린 연주를 좋아해야 함.
4. 매주 두꺼운 책을 최소한 한 권 이상 읽어야 함.
5. 술을 좋아해야 함.
6. 술집에서 목소리가 커야 함.

그래서 아인슈타인은 우주의 수수께끼를 풀거나 일자리를 찾는 일에 몰두하지 않을 때면 이 협회의 일 때문에 무척 바빴다. 마침내 특허국에서 직원 채용 공고를 발표하자, 아인슈타인은 거기에 지원해 일자리를 얻었다.

그것은 아인슈타인에게 딱 맞는 자리였다. 사람들은 별의별 발명에 대해 특허를 신청했다. 아인슈타인이 하는 일은 그것을 보고 핵심을 파악해 과연 제대로 된 발명인지 판단하는 것이었다. 어떤 것의 기본 원리를 재빨리 파악하는 것은 우주의 수수께끼를 풀면서 충분히 단련되어 있었다.

> ### 아인슈타인의 사라진 공책
>
> 마침내 특허국에 취직했다. 하루 8시간씩 일주일에 6일만 일하면 된다. 그리고 매일 개인 교습을 한두 개 해야 하고, 올림피아 아카데미 모임에도 나가야 하며, 모임을 위해 독서도 해야 한다. 이런 일들을 다 하고 나서도 남는 시간이 많아 우주의 의미를 발견하는 데 쏟아 부을 수 있다(나는 지금 시간, 빛 입자, 원자, 통계학에 대해 연구하고 있다). 한 가지 문제는 그러고도 남는 시간에 무엇을 하느냐 하는 것이다.

그러나 아인슈타인의 삶이 순풍에 돛 단 듯이 마냥 술술 풀렸던 것만은 아니다. 멀리 헝가리에서 살고 있던 여자 친구 밀레바가 임신을 해서 1902년에 딸 리제를을 낳았다. 아인슈타인은 이 사실을 비밀로 감추었는데, 아마도 부모님이 어떤 반응을 보일지 겁이 났거나 결혼도 하기 전에 아이를 낳았다는 사실이 알려지면 특허국에서 쫓겨날까 봐 그랬을 것이다. 그 당시만 해도 보통 사람들은 결혼하기 전에 아이를 낳는 것을 아주 충격적인 일로 받아들였기 때문에, 그런 일을 꼭꼭 감추려고 했다.

아인슈타인의 부모님, 그 중에서도 특히 어머니는 밀레바를 싫어해서 두 사람의 결혼을 허락하지 않았다. 결혼하는 데 법적으로 부모의 동의가 꼭 필요한 것은 아니었지만, 아인슈타인은 부모님의 허락 없는 결혼은 하고 싶지 않았다. 아버지는 눈을 감는 마지막 순간에 가서야 그들의 결혼을 허락했다. 결국 결혼식에는 올림피아 아카데미의 회원들만 참석했다.

그의 첫 딸 리제를은 한동안 밀레바의 부모님이 데리고 키우다가 나중에 어딘가로 입양을 보낸 것으로 보이는데, 누가 데려갔는지는 아무도 모른다. 아인슈타인은 딸을 다시는 보지 못했고, 딸에 대한 이야기를 어느 누구에게도 하지 않았다. 결혼을 한 다음 해에 첫째 아들인 한스 알베르트 아인슈타인이 태어났다.

이렇게 개인적으로 골치 아픈 일을 겪으면서도 아인슈타인은 놀라운 이론에 대한 연구를 계속해 1905년에는 발표할 준비가 되었다. 지금과 마찬가지로 그 당시에도 과학자가 연구 결과를 발표하는 주요 방법은 논문을 써서 학술지에 싣는 것이었다. 그 해에 아인슈타인은 네 편의 논문을 발표했고, 아주 훌륭한 박사 학위 논문도 한 편 썼다. 그 중 하나는 10년 동안 연구해 온 이론이었다. 바로 특수 상대성 이론!

# 엿처럼 늘어나는 시간과 수축하는 공간

아인슈타인은 상대성 원리가 옳다면, 움직이는 시계는 시간이 천천히 흐를 것이라는 결론을 얻었다. 이것은 특수 상대성 이론에서 아주 중요한 개념으로 자리잡게 된다. 그런데 거기서 더 앞으로 나아가기 전에 아주 빠른 속도에서 시계가 정확하게 얼마나 느려지는지 계산할 수 있는 방법이 필요했다.

## 여러분의 건강을 위한 경고!

꺼벙이가 빛 시계를 들고 달려가던 장면이 기억나는가? 빛 시계의 길이가 1m라고 하자. 그리고 꺼벙이가 광속의 절반 속도(그러니까 초속 15만 km)로 달린다고 가정하자.

그런데 우리가 뭘 하려고 이러는지 눈치 챘는가? 지금 우리는 움직이는 시계를 정지하고 있는 시계와 비교했을 때 시간이 얼마나 느려지는지 알아보려고 한다. 그러면 속도가 시간에 어떤 영향을 미치는지 정확하게 알 수 있을 것이다.

시계가 움직이지 않을 때에는 빛은 광속으로 위아래로 움직인다. 시계는 길이가 1m라고 했고, 빛은 1초에 3억 m를 달리므로, 1m를 달리는 데에는 3억분의 1초(이것은 약 0.0000000033초, 곧 3.3나노초에 해당한다)가 걸린다. 빛이 지나가는 경로는 다음과 같다.

 빛은 아래를 향해 곧장 1m를 달리고, 걸리는 시간은 3.3나노초이다.

이것을 삼각형의 한 변으로 삼으면, 삼각형의 가장 긴 변의 길이를 재어 속도가 시간에 정확하게 어떤 영향을 미치는지 알 수 있다. 빛 시계에서 빛이 위에서 아래로 가는 데에는 3.3나노초가 걸리므로, 이 선의 길이를 3.3cm로 그리기로 하자.

시계가 광속의 절반 속도로 달릴 때에도 빛 시계의 빛은 위에서 아래로 움직인다. 꺼벙이는 광속의 절반 속도로 달리기 때문에, 꺼벙이의 이동 경로(수평선 방향) 길이는 빛 시계의 빛이 지나온 빗변 길이의 절반이어야 한다. 빗변의 길이가 밑변 길이의 2배인 삼각형은 오직 한 가지밖에 없다.

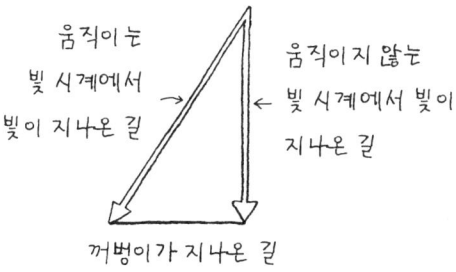

빗변의 길이는 빛 시계가 광속의 절반 속도로 달릴 때 빛이 시계 위에서 아래까지 가는 데 걸리는 시간에 해당한다. 그것을 자로 재어 보면 약 3.8cm일 것이다. 따라서 빛은 그 거리를 이동하는 데 3.8나노초가 걸린다.

즉, 정지하고 있는 시계가 한 번 재깍거리는 데 3.3나노초가 걸린다면, 광속의 절반 속도로 움직이는 시계가 한 번 재깍거리는 데 3.8나노초가 걸린다는 이야기다. 따라서 우주선이 광속의 절반 속도로 여러분 앞을 지나간다면, 여러분의 시계가 3.8나노초(혹은 3.8분 또는 3.8시간)를 흐르는 동안 우주선 안의 시계는 3.3나노초(혹은 3.3분 또는 3.3시간)가 흐르는 것으로 보인다.

**성질이 아주 급한 사람이라면 다음 페이지는 보지 말도록!**
다음 페이지에는 수학을 싫어하는 사람이라면 비명을 지를 방정식이 나온다! 심지어 제곱근까지 포함돼 있다. 뭐 꼭 보기 싫다면 보지 않아도 좋다. 그렇지만 이 방정식은 이미 앞에서 배운 것을 약간의 기호와 숫자로 바꿔 표현한 것뿐이다.

아인슈타인은 시간이 정확하게 얼마만큼 느려지는지 보려고 우리가 한 것처럼 온 사방에 그림을 그릴 필요가 없었다. 피타고라스의 정리를 이용해 아주 간단한 방정식을 만들었더니 똑같은 답이 나왔다.

이 식에서 $t$는 정지하고 있는 여러분이 가진 시계에서 흐른 시간, $T$는 움직이는 물체에서 흐른 시간, $s$는 움직이는 물체의 속도(교과서에서는 속도를 보통 $v$로 표시한다), $c$는 빛의 속도이다.

그럼 문자들 대신에 수를 대입해 볼까?

이 방정식을 사용하면 다음과 같은 아주 복잡한 질문에도 얼마든지 답할 수 있다.

　빛 시계를 조금 더 편리하게 만들고 싶다면, 계수기와 문자반을 추가해 보통 시계처럼 보이게 할 수도 있다. 그러면 빛이 수십억 번이나 왔다 갔다 하는 것을 일일이 세지 않아도 된다. 이런 시계를 만든다면 전 우주에 팔아먹을 수 있을 것이다! 아인슈타인 이전의 과학자들은 시간은 우주 어디에서나 똑같은 속도로 흐른다고 믿었기 때문에, 이러한 빛 시계는 우주 어디를 가나 그리고 어떤 일이 일어나든지 똑같은 시간을 가리켜야 한다고 생각했다. 그러나 아인슈타인은 움직이는 속도에 따라 시간의 빠르기가 달라진다는 사실을 발견했다. 이것은 사람들이 움직이는 속도에 따라 시계가 가리키는 시간이 달라진다는 것을 뜻한다. 따라서 "지구가 7시일 때 그와 동시에 센타우루스자리 알파별도 7시여야 한다."라고 말할 수가 없다. 따라서 '그와 동시에'라는 말은 결코 안전하게 사용할 수 있

---

### 시간과 공간에 관한
### 두 번째 비밀 :

'그와 동시에'와 같은 것은 존재하지 않는다.

는 말이 아니다.

**수축하는 공간**

아인슈타인이 그 비밀을 풀려고 매달린 것은 시간뿐만이 아니었다. 공간 역시 절대로 믿을 것이 못 된다. 아인슈타인은 공간을 수축시키는 방법을 찾아냈다. 설명을 위해 열차를 예로 들기로 하자.

상대성 이론을 좋아하는 사람들은 열차를 비유로 들기를 좋아하는 것 같다. 만약 여러분이 열차를 탔는데, 누가 "이 영등포는 열차로 가는 것입니까?"라고 묻는다면, 너무 불안해하지 마라. 그 사람은 미친 사람이 아니라, 과학자일 뿐이니까. 아, 물론 이런 과학자라면 이야기가 다르겠지만······.

어쨌든 뒤죽이, 박죽이, 아옹이, 다옹이가 열차의 길이가 얼마나 되는지 재어 보기로 했다고 하자. 역에 정지하고 있을 때 자로 재어 보았더니 12m였다. 그런데 열차가 초속 1억 2000만 m로 달린다면, 그 길이는 얼마일까? 그런데 과연 이것을 잴 수는 있을까?

　다행히도(다소 신비스럽긴 하지만) 이들은 모두 작은 광선총을 가지고 있다. 뭐 그렇다고 이 총에서 아주 위험한 광선이 나오는 것은 아니다. 게다가 모두 정확한 시계도 갖고 있는데, 점심때 모두 시계를 똑같이 맞추었다. 그래서 각자가 광선총에서 발사한 광선이 기차 길이만큼 이동하는 데 걸리는 시간을 잰다면, 광선의 속도(물론 이것은 빛의 속도와 같다)에다가 시간을 곱해 기차의 길이를 계산할 수 있다. 그래서 열차에 탄 뒤죽이가 열차 앞쪽에서 뒤쪽에 있는 박죽이를 향해 광선총을 쏘았다.

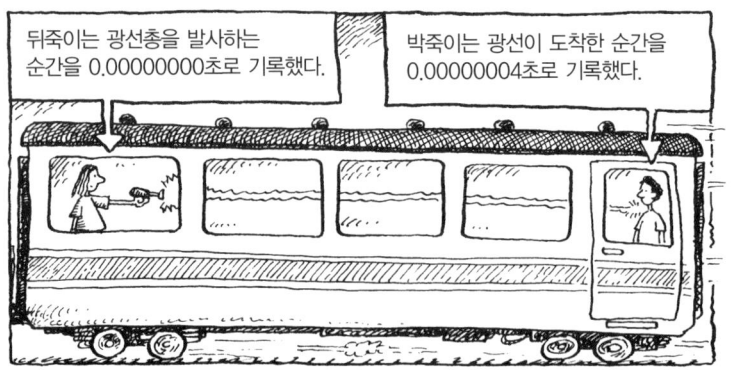

뒤죽이는 광선총을 발사하는 순간을 0.00000000초로 기록했다.

박죽이는 광선이 도착한 순간을 0.00000004초로 기록했다.

뒤죽이는 방아쇠를 당기는 순간의 시간을 기록하고, 박죽이는 광선이 자기한테 도착하는 시간을 기록했다. 그런 다음, 광선이 이동한 거리를 다음 공식으로 계산했다.

## 열차의 길이 = 빛의 속도 × 걸린 시간

걸린 시간이 0.00000004초이므로 여기다가 빛의 속도 3억 m/초를 곱하면, 열차의 길이는 12m가 나온다. 이것은 역에서 열차가 정지해 있을 때 자로 잰 열차 길이와 똑같다. 따라서 이상한 게 전혀 없다.

그래서 뒤죽이와 박죽이가 측정한 열차의 길이는 12m가 나왔다. 그런데 밖에서 열차가 움직이는 걸 보고 있던 아옹이와 다옹이가 같은 방법으로 열차 길이를 측정하면 어떤 결과가 나올까? 아옹이는 뒤죽이가 광선총을 발사하는 순간을 기록하고, 다옹이는 광선이 박죽이에게 맞는 순간을 기록한다. 그리고 똑같은 공식으로 계산해 보았더니, 열차의 길이는 11m가 나왔다! 그 이유는 다음과 같다.

아옹이와 다옹이가 볼 때, 광선이 열차를 지나 박죽이에게 도착하는 동안에 박죽이는 열차와 함께 약간 앞으로 이동한다. 따라서 아옹이와 다옹이가 본 열차의 길이는 뒤죽이와 박죽이가 본 것보다 짧다! 다시 말해서, 빠른 속도로 움직이는 열차는 정지하고 있는 열차보다 길이가 짧아진다! 이것을 간단히 표현하면……

> **시간과 공간에 관한 세 번째 비밀:**
> 움직이는 물체는 수축한다.

아인슈타인은 움직이는 물체가 속도에 따라 얼마나 수축하는지 나타내는 방정식이 시간 지연을 나타내는 방정식과 비슷한 점이 많다는 것을 발견했다.

사실이다. 뮤온(muon)이라는 소립자가 있다. 뮤온은 원자보

다도 훨씬 작으며, 수명도 아주 짧아 약 100만분의 2초밖에 되지 않는다. 이것은 실험실에서 관측한 뮤온의 수명이다.

자연에서 뮤온은 10km 이상의 높은 곳에서 생겨난다. 우주에서 날아온 고에너지 복사가 공기 중의 원자와 충돌할 때, 원자가 쪼개지면서 뮤온이 생겨난다. 지구의 대기는 우주에서 날아온 고에너지 복사가 지면 가까이까지 오지 않도록 막아 주는데, 우리에게는 무척 다행한 일이다. 만약 고에너지 복사가 지면에 쏟아진다면, 여러분은 접시에 담긴 베이컨과 달걀처럼 변하고 말 것이기 때문이다.

그런데 뮤온은 아인슈타인의 이론이 옳다는 증거를 제공한다. 뮤온은 기이한 점이 하나 있는데, 지표면 가까이에서 발견되는 뮤온이 상당히 많다는 점이 그것이다. 우주에서 날아온 고에너지 복사는 모두 높은 곳에서 공기 중의 원자와 충돌해 지표면 가까이까지 도달하지 않는다. 따라서 지표면 가까이에서 뮤온이 생겨났을 리는 없다.

앞에서 뮤온의 수명이 아주 짧다고 했는데, 높은 곳에서 생겨난 뮤온이 사라지기 전에 지표면에 도착하려면 과연 얼마나 빨리 달려야 하는지 계산해 보자.

뮤온은 최소한 10km를 이동해야 하는데, 수명이 아주 긴 일부 뮤온(6개 중 1개꼴로)도 100만분의 4초 정도만 존재하다가 사라진다. 그렇다면 지표면까지 도달하려면 얼마나 빨리 달려야 할까? 10km를 0.000004초로 나누면, 초속 250만 km가 나온다!

상대성의 세계에서 늘 그런 것처럼, 모든 것은 관점에 따라 달라진다. 만약 뮤온이 작은 손목시계를 차고 있다면, 여행이 끝났을 때 그 시계는 100만분의 4초가 지나 있을 것이다. 그러나 지상에 있는 사람들이 볼 때에는 뮤온이 100만분의 40초나 산 것으로 보인다!

이렇게 뮤온의 수명이 관점에 따라 차이가 나는 이유는, 뮤온이 광속에 가깝게 아주 빠른 속도로 움직이기 때문이다. 이것은 빨리 달리는 물체는 시간이 천천히 흐른다는 아인슈타인의 이론이 옳음을 뒷받침해 주는 증거이다.
　이 놀라운 연구를 한 뒤에 아인슈타인은 어떻게 되었을까?

---

**요점 정리**

## 아인슈타인의 놀라운 이론: 특수 상대성 이론

어떤 측정을 통해서도 실제로 자신이 움직이고 있다는 것을 알 수 없다는 개념과, 빛의 속도는 누구에게나 똑같이 측정된다는 개념을 바탕으로, 아인슈타인은 실제로 우주가 얼마나 기이한지 알아냈다.

1. 어떤 것이 실제로 움직인다는 것을 알 수 있는 방법이 없기 때문에, 우리는 단지 어떤 것이 다른 것에 대해 '상대적으로' 움직인다고 말할 수 있을 뿐이다.

2. 우리가 가진 시계로 측정할 때, 우리 앞을 지나가는 물체는 시간이 느리게 흐른다. 그렇지만 거기에 타고 있는 사람이 볼 때에는 시간이 느려지는 쪽은 우리다.

3. 우리가 가진 자로 측정할 때, 빨리 움직이는 물체는 길이가 수축한다. 그렇지만 거기에 타고 있는 사람이 볼 때에는 수축하는 쪽은 우리다.

4. 이제 두 장소에서 일어난 두 가지 사건이 '동시에' 일어났다고 자신 있게 말하기가 어렵다.

# 아인슈타인과 과학의 신

　아인슈타인이 논문을 발표하자, 과학자들은 곧 굉장한 천재가 나타났다는 사실을 알게 되었다. 그들은 이 천재가 특허국에서 일하는 평범한 공무원이란 사실에 깜짝 놀랐다. 당연히 대학에서 좋은 대우를 받으며 연구를 하고 있는 교수일 거라고 생각했기 때문이다. 실제로 많은 사람들은 아인슈타인에게 쓴 편지를 베른에 있는 대학으로 보내기도 했다.
　물론 특수 상대성 이론 같은 획기적인 이론에는 늘 반대하는 사람들이 있게 마련이다. 어떤 사람들은 섣불리 어리석은 비판을 하고 나섰다가 아인슈타인의 이론을 전혀 이해하지 못했다는 무식만 드러낸 꼴이 되고 말았고, 어떤 사람들은 상식에서 벗어나는 그 이론이 마음에 들지 않아서 아예 받아들이기를 거부했다.

아인슈타인에게 큰 도움을 준 사람 중에 막스 플랑크라는 물리학자가 있다. 그는 나중에 다시 등장하지만, 여기서 중요한 것은 그가 유명한 과학 전문 학술지인 〈물리학 연보〉의 공동 편집자였다는 사실이다. 플랑크가 맡은 일은 투고한 논문을 심사해 〈물리학 연보〉에 실을지 말지 결정하는 것이었다. 그 중에 아인슈타인이 보낸 논문들이 있었다. 플랑크는 원래 전통적인 물리학자로, 새롭고 기묘한 것보다는 전통 과학의 틀을 유지하는 쪽을 좋아했지만, 무척 똑똑하고 인품이 좋았던 그는 아인슈타인의 논문을 채택했을 뿐만 아니라, 주위 사람들에게 아인슈타인이 얼마나 똑똑한지 떠들고 다녔다. 이것은 결과적으로 아인슈타인이 자기가 직접 똑똑하다고 떠들고 다니는 것보다 훨씬 효과가 좋았다! 그 덕분에 아인슈타인이 쓴 논문들은 아무 문제없이 발표되었다. 그런데 아인슈타인의 논문에는 특이한 점이 몇 가지 있었다.

- 참고한 논문이나 문헌을 소개하는 참고 문헌이 없었다(왜냐하면, 다른 연구를 전혀 참고하지 않았으니까).
- 특허국에서 함께 일하던 친구 미켈레 베소에 대해 감사를 표시한 구절이 있었다(베소는 하루 일과가 끝나고 아인슈타

인과 함께 집으로 걸어가면서 아인슈타인이 생각한 것들에 대해 토론을 했다. 둘은 아주 천천히 걸어갔는데, 밀레바가 베소를 싫어해 집으로 데려갈 수는 없었기 때문이다).

그리고……
- 그것은 실로 놀라운 내용을 담고 있었고, 우리가 우주를 이해하는 방식을 완전히 바꾸어 놓았다.

많은 과학자들은 아인슈타인의 논문을 읽고도 제대로 이해하지 못했지만, 그것을 이해한 사람은 그 이론에 열광했다. 모든 것을 너무나도 우아하게 잘 설명하는 그 이론은 옳을 수밖에 없다는 느낌이 들었다! 하기야 그 당시로서는 그렇게 느끼는 것으로 만족할 수밖에 없었다. 특수 상대성 이론을 뒷받침하는 증거가 나오기까지는 수십 년을 더 기다려야 했으니까.

그것은 아인슈타인의 이론이 실제 실험을 바탕으로 만든 게 아니기 때문이었다. 그 당시에는 그 이론을 입증할 실험을 하는 데 필요한 기술이 아직 개발되어 있지 않았다. 그리고 아인슈타인의 이론 중 대부분은 이론의 정확한 결과를 알려고 하거나 다른 사람에게 그것을 증명해 보이는 경우를 제외하고는 수학도 그다지 큰 비중을 차지하지 않았다. 그리고 아인슈타인은 다른 사람들이 자신이 옳다는 것을 모른다 하더라도, 크게 신경 쓰지 않았던 것으로 보인다.

그런데 아인슈타인은 우주에 대한 자신의 생각이 옳다는 것을 어떻게 알았을까? 그것은 바로 신을 믿었기 때문이다.

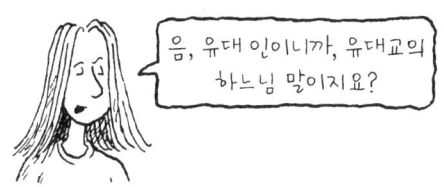

음, 유대 인이니까, 유대교의 하느님 말이지요?

유대 인이라는 것에 대해서는 나중에 좀 더 자세히 이야기하기로 하고, 어쨌든 그가 평소에 말한 신은 유대교의 하느님이 아니었다. 그리고 그는 이미 11세 이후로 종교와 완전히 담을 쌓았다고 하지 않았던가?

아인슈타인이 믿은 신은 '과학의 신'이었다. 아인슈타인이 신을 언급할 때, 그것은 우주에 존재하는 일종의 단순한 질서나 규칙을 의미했다. 예를 들면, $E=mc^2$(193쪽 참고)과 같은 간단한 공식이 우주를 깔끔하게 잘 설명한다는 것은 정말로 놀라운 사실이 아닌가! 왜 그 공식은 $E=0.98mc^{2.00279}$와 같은 복잡한 것이 아닐까? 혹은 왜 이런 것이 아닐까?

아인슈타인이 언급한 신은 바로 과학의 신비스러운 단순성을 가리킨 것이었다. 어쨌든 이러한 단순성이야말로 바로 그가 찾던 것이었는데, 그것을 발견하는 순간 다른 사람이나 실험 결과야 뭐라고 하건 간에 자신이 옳다는 것을 알 수 있었다.

1905년은 아인슈타인에게 기적의 해였다. 그 해에 그는 원자, 빛, 시간과 공간에 대한 비밀을 풀었다. 이 모든 것을 다 하고 나서는 한동안 연구를 멈추었는데, 지쳐서 그런 게 아니라 더 이상 마땅히 연구할 게 없었기 때문이다.

### 아인슈타인 박사

놀라운 발견과 이론으로 온 세상을 발칵 뒤집어 놓은 아인슈타인은 자신이 정말로 위대한 과학자임을 입증했다. 그렇다면 당연히 박사라는 칭호를 받아야 하지 않겠는가? 박사 학위를 정식으로 받으려면 취리히 대학에 독창적인 연구 성과를 제출해야 했다. 아인슈타인은 온 세상을 뒤흔든 상대성 이론에 관한 논문을 제출했지만, "다소 괴상하다."는 이유로 거부당했다. 다행히도 원자에 대해 쓴 괴상하지 않은(게다가 아주 훌륭한) 논문이 통과되었고, 마침내 박사 학위를 받을 수 있었다. 아인슈타인은 대학에서 강사 자리도 얻고 싶었다. 그래서 지원할 때 자신이 쓴 놀라운 논문들을 전부 다 제출했다. 그것들은 일찍이 어느 누구도 하지 못한 놀라운 과학 업적이었다. 그래서 원하던 자리를 얻었을까? 글쎄……

다음 해에는 수학 강사 자리에 지원했지만, 역시 거절당했다. 마지막으로 빛이 입자처럼 행동한다는 혁명적인 내용을 담은 논문을 써서 베른 대학에 제출해 겨우 임시 강사 자리를 얻었다.

---

### 베른 대학
### 강의 안내

과목: 정말로 어려운 물리학
강사: 최고 수준의 물리학자가 아니라면 그 이름을 들어 본 적이 없는 사람. 물론 최고 수준의 물리학자라면 이 강의를 들을 필요가 없음.
강의 시작 시간: 토요일 아침 7시(이건 오타가 아님.)

추신: 맨 먼저 수강신청하는 6명에게는 공짜 침낭 제공.

---

그 이유는 알 수 없지만, 아인슈타인의 강의는 별로 인기가

없었다. 강의를 들으러 온 사람은 아인슈타인의 동생 마야와 친구 3명(특허국에 근무하는 친구 2명과 우체국에 근무하는 친구 1명)뿐이었다. 마침내 진짜 학생 한 명이 강의를 들으러 왔지만, 얼마 지나지 않아 나머지 사람들은 나오지 않았다. 교실에서 선생님의 수업을 듣고 앉아 있는 사람이 여러분 한 명뿐이라고 상상해 보라! 어떤 일이 일어나겠는가?

결국 아인슈타인의 그 강의는 취소되고 말았다.

한편, 여러 과학자와 수학자는 상대성 이론에 감탄해 그것을 다양한 상황에 적용해 보고, 검증하고, 흥미로운 내용을 추가했다. 심지어 아인슈타인이 이런 말을 할 정도였다.

수학자들이 상대성 이론을 만지기 시작한 후로는 더 이상 나도 그것을 이해할 수 없었지요.

그런 사람들 중에 헤르만 민코프스키라는 러시아 출신의 독일 수학자가 있었다. 민코프스키는 대학 시절에 아인슈타인을 가르친 스승이기도 했는데, 아인슈타인을 그다지 대단하게 보지 않았다. 아인슈타인이 상대성 이론을 발견했다는 이야기를 듣고는 처음에 그 사실을 믿으려 하지 않으면서, 학생 시절의 아인슈타인이 '수학은 전혀 하려고도 하지 않는 게으른 개'였다고 말했다. 마찬가지로 아인슈타인도 처음에는 민코프스키가 상대성 이론에 대해 추가로 연구를 한다는 것을 대단하지 않게 여겼다.

민코프스키는 상대성 이론에 대해 강의를 하면서 세계선*과 절대 세계, 4차원 개념을 소개했다. 아인슈타인은 그런 종류의 이야기를 별로 좋아하지 않았으며, '4차원'이란 이야기를 들으면 섬뜩한 기분이 든다고 말했다. 그렇지만 얼마 후, 아인슈타인은 이 기묘한 4차원에 푹 빠져들게 되는데, 이 내용은 다음 장에서 자세히 살펴보기로 하자.

*4차원 공간에서 표현된 운동의 궤적. 어떤 시간과 장소에 일어난 물리적 사건을 4차원 공간에 나타내면 하나의 점이 된다. 이것을 세계점이라 한다. 시간과 장소가 변하면서 그 사건이 진행되는 과정은 세계점이 이동하는 선으로 나타나는데, 이것이 세계선이다.

# 4차원

민코프스키가 강의에서 이야기한 내용은 시간과 공간이 동전의 양면처럼 같은 것의 일부라는 것이었다. 그는 그것을 '시공간'이라고 불렀다.

---

### 진상 조사 X-파일

**다른 차원을 보는 방법**

아인슈타인과 민코프스키는 네 번째 차원을 탐구했는데, 그러기 전에 나머지 세 차원부터 알아보도록 하자.
1. 가로 방향의 차원.
2. 세로 방향의 차원.
3. 위아래(수직) 방향의 차원.

가로, 세로, 높이에 해당하는 이 세 차원은 공간을 이룬다. 4차원에서 살아간다는 게 무슨 뜻인지 알아보기 전에 더 낮은 차원에서 살아가는 생물은 어떤 모습을 하고 있는지 살펴보자.

수직 방향의 차원이 없는 세계는 어떤 모습일까? 이 종이 표면을 이루는 평면 세계가 바로 그런 것이다. 이 세계에서 긋는 세로 방향의 선이 될 수도 있고,

|

가로 방향의 선이 될 수도 있고,

—

가로와 세로에 다 걸친 비스듬한 선이 될 수도 있다.

/

그러나 어떤 선도 종이 표면 위쪽과 아래쪽의 바깥으로는 나갈 수가 없다.

종이처럼 2차원 평면 세계에 살고 있는 납작이를 생각해 보자.

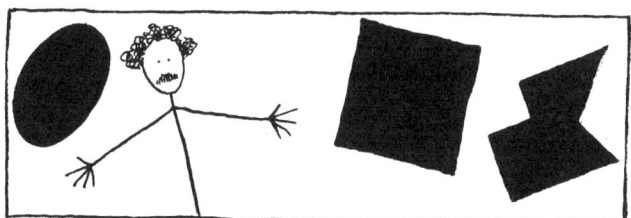

납작이는 종이에서 동서남북 방향을 모두 바라볼 수 있지만, 평면 세계를 벗어난 바깥쪽은 볼 수 없다(그래서 그를 내려다보고 있는 우리를 볼 수 없다). 우리는 납작이 주위에 있는 타원이나 정사각형, 불규칙한 다변형 같은 물체들을 볼 수 있지만, 납작이에게는 그렇게 보이지 않는다. 납작이에게는 이 물체들의 변만 보이기 때문에, 모두 선으로만 보인다. 납작이가 보는 세계의 모습이 어떤 것인지 체험하고 싶다면, 큰 마분지에다가 수평 방향으로 가느다란 홈을 오려 낸 다음, 그것을 눈앞에 들고 주변

을 바라보라. 그 틈을 통해 보면, 왼쪽과 오른쪽, 그리고 멀고 가까운 것은 볼 수 있지만, 그 홈의 위아래에는 뭐가 있는지 보이지 않을 것이다. 의자에 걸려 넘어지지 않도록 조심하라.

납작이는 자기 주위에 있는 물체들을 우리가 보는 것과 같은 모습으로 보진 못하지만, 그래도 서로 다른 각도에서 바라보거나 만져 볼 수 있어 모양이 각각 어떻게 다른지 파악할 수 있다. 그런데 우리가 살고 있는 3차원 공간에서도 이것과 똑같은 일이 일어난다. 원통 모양의 쓰레기통을 바라볼 때, 바라보는 각도에 따라 직사각형으로도 보이고, 직사각형에서 옆변은 직선이지만 윗변과 밑변이 곡선으로 된 모양으로도 보이며, 원으로도 보인다. 그렇지만 우리는 그것이 실제로는 원통 모양이며, 각각 다른 각도에서 볼 때 그렇게 보인다는 걸 안다.

납작이는 자기가 보지 못하는 세 번째 차원이 있을 거라고 추측할 수 있을까? 아마 그럴지도 모른다.

정사각형 모양의 타일을 들고 한쪽 모퉁이를 2차원 세계에 대고 누르면서 통과시킨다고 상상해 보자.

납작이에게 그 타일은 이렇게 보일 것이다.

-

타일을 계속 천천히 누르면서 2차원 세계를 완전히 통과시키면, 납작이에게는 그 선이 점점 길어지다가 어느 순간부터는 점점 짧아지는 것으로 보인다.

평면나라에 사는 사람들은 불가사의한 선이 나타나 점점 길어지다가 다시 짧아지면서 사라지는 걸 보고 신기하게 생각할 것이다. 그렇지만 납작이가 똑똑하다면, 선의 모양이 변하는 것을 보고 3차원 세계의 물체가 자신이 살고 있는 평면 세계를 지나간 것이라고 추측할 수 있을 것이다.

이번에는 네 번째 차원이 있다고 상상해 보자. 납작이가 세 번째 차원을 볼 수 없는 것과 마찬가지로, 우리도 네 번째 차원을 볼 수는 없다. 그렇지만 4차원 생물이 뭔가를 우리가 살고 있는 3차원 세계에 밀어 넣는다면, 우리 눈에는 어떻게 보일까? 입체 물체가 갑자기 나타나 점점 커지다가 다시 점점 작아지면서 사라질 것이다.

이것은 아주 신기한 이야기처럼 들리지만, 만약 우리가 4차원 물체를 매일 본다면, 그것에 익숙해져 설사 그 전체 모습은 보지 못한다 하더라도 그것을 제대로 파악할 수 있을 것이다. 실제로 우리는 그런 일을 하고 있다. 우리가 바라보는 3차원 세계는 우리의 망막에 맺힌 2차원 그림이다. 우리는 이 2차원 그림을 보고 3차원 물체의 모양을 짐작하는 데 익숙해졌다. 또, 텔레비전에서 우리는 물체가 우리를 향해 돌진해 오는 것을 보고 느끼지만, 실제로는 그 상이 2차원 화면에서 점점 커질 뿐이다. 우리는 2차원 그림을 보고서 3차원 물체의 실제 모습을 짐작하는 데 너무나도 익숙해져 있어, 오히려 그것을 본래 모습인 2차원 물체로 인식하는 데 어려움을 겪는다. 다음 그림을 보라.

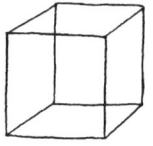

이것은 위에서 내려다본 정육면체로 보일 수도 있고, 아래쪽에서 올려다본 정육면체로 보일 수도 있다. 그렇지만 그 실제 모습인 2차원 평면 물체로 보려고 하면 쉽지 않을 것이다. 이것은 더 높은 차원의 물체를 짐작하는 게 별로 어렵지 않다는 걸 보여 주는 예이다.

민코프스키는 실제로 네 번째 차원이 존재하며, 그것은 전혀 기묘하거나 신비스러운 것이 아니라, 바로 시간이라고 주장했다. 그리고 공간 3차원과 시간 1차원이 합쳐져 4차원 시공간을 이루고 있다고 했다. 이 개념은 아주 빠른 속도로 움직이는 물체에 일어나는 일을 설명하는 데 큰 도움을 주었다.

화창한 날, 운동장에서 창을 들고 있다고 상상해 보라. 땅바닥에 창 그림자가 비칠 것이다. 그림자의 길이를 변하게 하려면 어떻게 하면 될까? 창을 든 각도를 바꾸는 것만으로 그림자의 길이를 쉽게 변화시킬 수 있다. 그렇지만 창의 실제 길이가 변한 것은 아니다.

민코프스키는 물체가 빨리 움직일 때 수축하는 이유는

그림자의 길이가 변하는 것과 같다는 사실을 깨달았다. 물체가 움직일 때에는 공간 방향으로 수축이 일어나지만, 시공간에서는 단지 그 각도만 변할 뿐이라는 것을! 그것은 납작이가 정사각형과 타원을 바라보는 것이나, 우리가 쓰레기통을 바라보는 것과 비슷하다. 사물은 보는 각도에 따라 모양이 변해 보일 뿐이다.

따라서 길이 1m의 창을 $0.9c$의 속도로 던질 경우, 아인슈타인의 방정식(74쪽 참고)에 따르면 창의 길이는 44cm로 줄어든다. $0.99c$의 속도에서는 길이가 14cm로 줄어든다. 창은 속도가 빠를수록 더 많이 수축한다(우리가 볼 때에는). 그런데 만약 눈과 다리가 수백 개 달려 있고, 4차원 시공간을 볼 수 있는 외계인 아찔이가 본다면, 창이 아무리 빨리 날아가더라도 그 길이가 짧아지는 것으로 보이지 않을 것이다. 아찔이는 창이 보는 각도에 따라 모양이 다르게 보일 뿐이라는 사실을 잘 알고 있다. 아찔이는 다리 개수도 불쌍할 정도로 적고, 사물을 어리석은 시각으로 바라보는 인간들에 대해 우월감을 느낄 것이다.

만약 우리가 아주 빠른 속도로 여행하는 데 익숙해 있다면, 사물을 이런 식으로 보는 방식에 익숙할지도 모르며, 창의 길이가 10cm로 짧아져 보이는 것을 쓰레기통이 원으로 보이는

것과 마찬가지로 당연하게 여길 것이다.

---

### 진상 조사 X-파일

**시간 차원**

시간이 하나의 차원이라는 개념이 이상하게 들린다면, 정사각형 타일이 2차원 세계를 지나갈 때 납작이에게 어떻게 보이는지 나타낸 89쪽의 그림을 다시 보라. 아래쪽으로 차례로 늘어선 선들은 시간이 흐름에 따라 납작이에게 보이는 타일의 모습과 같다. 즉, 여러분은 시간의 차원을 따라 타일을 따라가고 있는 것이다. 벽에다 붙여 놓는 연간 계획표나 기업 실적 그래프 같은 것도 시간을 하나의 차원으로 나타낸 것이다.

---

민코프스키는 시간에 일어나는 변화도 시공간에서 일어나는 이동으로 설명할 수 있음을 발견했다. 아찔이는 세 눈을 감고도 당연히 볼 수 있지만, 우리 인간이 그것을 이해하려면 아인슈타인과 민코프스키가 한 연구의 도움이 필요하다.

---

### 시간과 공간에 관한
### 네 번째 비밀 :
시간과 공간은 서로 연결돼 있다.

---

그런데 수축에 관한 이 모든 이야기는 관찰자에 따라 달라진다는 사실을 명심하라. 만약 여러분이 창과 함께 움직이고 있다면, 그것은 전혀 줄어들지 않는다. '상대성' 이론이란 이름이 붙은 이유는 이 때문이다. 물체의 길이 변화는 관찰자에 대한 그 물체의 상대 속도에 따라 달라진다.

# 막을 수 없는 전쟁

1909년, 아인슈타인은 여전히 특허국에서 일하고 있었다. 그곳 일도 재미는 있었지만, 똑똑한 학생들을 가르치고 우주를 연구할 시간이 많은 대학 교수 자리를 얻고 싶었다. 그래서 스위스 취리히 대학에서 부교수를 구한다는 이야기를 듣고 지원했다. 그러나 불행하게도 아인슈타인은 가르치는 일에 서툴렀다. 교수 추천권을 가진 사람은 아인슈타인이 강의하는 것을 보고는 한바탕 논쟁을 벌였다. 다행히도 그 다음번에는 두 사람 사이가 좋아져 마침내 아인슈타인은 그 자리를 얻을 수 있었다.

취리히 대학은 그 부교수 자리에 아인슈타인의 친구인 프리

드리히 아들러를 뽑으려고 했지만, 아들러는 "아인슈타인 같은 사람을 얻을 수 있다면, 나를 뽑는 건 어리석은 일"이라며 거절했다고 한다. 훗날 아인슈타인은 아들러의 목숨을 구해 줌으로써 이 은혜에 보답했다.

아인슈타인은 취리히 대학에서 기대한 것과는 전혀 딴판으로 강의를 했다. 종이에 휘갈겨 쓴 메모를 보고 강의를 했고, 학생들에게 아무리 어리석게 들리는 것이라도 좋으니 질문을 많이 하라고 했다. 이것은 그 당시에 흔히 하던 강의 방식하고는 전혀 다른 것이었다. 강사가 원고를 보고 읽는 동안 학생들은 조용히 앉아서 듣는 게 일반적인 수업 방식이었다. 그렇지만 학생들은 곧 아인슈타인의 방식에 익숙해졌다. 아인슈타인이 학생들을 카페로 데려가 그곳에서 수업을 계속하자, 수업 분위기는 더욱 좋아졌다.

아인슈타인은 강의는 좋아했지만, 실험은 그다지 좋아하지

않았다. "나는 실험 장비가 폭발할까 봐 만지는 것도 싫다."라고 말했다고 한다.

아인슈타인은 학교에서 상대성 이론을 가르치지는 않았지만, 한 과학 학회에서 강연을 했다. 강연을 길게 하다가 그는 시계를 차고 오지 않았다는 것을 알고는 시간을 물어 보았다. 청중에게 시간이 무엇인지에 대해 실컷 강연을 한 뒤에 정작 자신은 시간을 몰라 시간이 몇 시냐고 물었던 것이다.

웬만한 과학자라면 이만큼 혁명적인 연구를 했으면 이제 그만 은퇴할 때가 되었을 것이다. 그러나 아인슈타인은 거기서 그치지 않았다. 이번에는 원자의 존재를 증명하려고 했다. 21세기에 살고 있는 우리는 원자의 존재를 지구가 둥글다는 사실처럼 더 이상 증명할 필요가 없는 진리로 생각한다. 그러나 그 당시만 해도 많은 과학자는 원자의 존재를 믿지 않았다. 어떤 과학자들은 원자는 시간이나 미터처럼 그저 일종의 단위에 지나지 않는다고 생각했다. 즉, 편리한 개념이기는 하지만, 실제로 존재하는 것은 아니라고 생각했다. 그렇다면 아인슈타인은 그것을 어떻게 증명했을까? 그는 매우 뛰어난 천재만이 할 수 있는 방법으로 당밀의 두께, 빛의 행동, 하늘의 파란색 등과 같은 것을 바탕으로 원자의 크기를 추정하는 방법을 일곱 가지나 생각해 냈다.

이 일곱 가지 방법으로 구한 원자의 크기가 모두 똑같았기 때문에, 사람들은 실제로 원자가 존재한다는 것을 믿지 않을 수 없었다. 다만, 아쉬운 것은 논문의 제목인데, 그것은……

> **원자의 비밀을 마침내 밝혀내다!!!**

도 아니고,

> **원자는 과연 존재하는가, 존재하지 않는가?**

도 아니고, 이런 것이었다.

> 열의 분자 운동론을 바탕으로 정지 액체 속에 떠 있는 작은 입자들의 운동에 대한 고찰

그래도 과학자들은 이 논문에 환호했다.

**유럽 여행**

2년쯤 지난 뒤에 아인슈타인은 부교수에서 정교수가 되었다. 게다가 살림살이도 많이 나아졌다. 위대한 과학자를 흠모하던 익명의 부자가 그에게 많은 돈을 후원했기 때문이다. 이런 일은 자주 일어나는 일이 아니다. 아마 아인슈타인이 성질 고약한 다른 천재들과는 달리 인품이 훌륭했던 게 도움이 되었을 것이다.

한 가지 문제는 교수로 근무해야 하는 대학이 체코의 프라하에 있다는 점이었다.

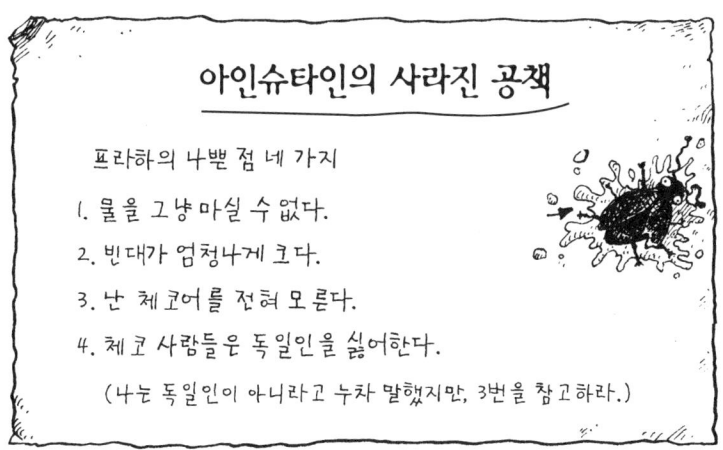

아인슈타인의 사라진 공책

프라하의 나쁜 점 네 가지
1. 물을 그냥 마실 수 없다.
2. 빈대가 엄청나게 크다.
3. 난 체코어를 전혀 모른다.
4. 체코 사람들은 독일인을 싫어한다.
   (나는 독일인이 아니라고 누차 말했지만, 3번을 참고하라.)

아인슈타인은 그다지 말쑥하지 않은 차림으로 대학에 출근했다. 얼마나 행색이 초라해 보였던지 대학 수위가 그를 전기 수리공으로 여겼을 정도였다. 그런데 그곳에서 지내는 동안 일이 꼬여 가기 시작했다.

아인슈타인은 다른 교수들과 모임에 자주 참석하며 어울려야 했는데, 그 세계는 알력과 험담이 난무하는 곳이었다. 그런 것은 도저히 비위에 맞지 않았지만, 그래도 아인슈타인은 긍정적으로 이렇게 평했다.

프라하에 있을 때 좋은 일이 두 가지 일어났다. 하나는 밀레바가 둘째 아들인 에두아르트를 낳은 것이고, 또 하나는 1911년에 제1차 솔베이 회의에 초대를 받은 것이다. 발명가이자 화학자인 솔베이는 큰 부자로, 중력에 대해 독자적인 이론(좀 괴상한 것이긴 하지만)을 만든 사람이었다. 회의에 참석한 과학자들은 솔베이의 이야기에 귀를 기울이기보다 각자의 이론에 대해 서로 대화를 나누는 것을 더 좋아했지만, 솔베이는 거기에 개의치 않고 솔베이 회의를 오랫동안 계속 개최했다.

그 회의에는 막스 플랑크와 마리 퀴리를 비롯해 과학계의 유명 인사들만 초대를 받았다. 그 회의에서는 다소 격렬한 논쟁이 벌어졌는데, 훗날 양자론(171쪽 참고)으로 불리게 될 새로운 과학 분야에서 일어나고 있던 일 때문이었다. 아인슈타인은 몇 년 전에 양자론의 발전에 도움이 되는 연구를 한 바 있었다. 그렇지만 양자론은 상식에서 벗어나는 내용 때문에 과학자들 사이에서 그다지 큰 인기를 얻지 못하고 있었다. 그런데 1911년 무렵에 양자론을 연구하는 과학자들이 너무나도 기묘한 사실들을 이야기하기 시작하자, 아인슈타인도 더이상 그것을 받아들이기 어려웠다. 어쨌든 솔베이 회의에서 대단한 천재들을 만나는 것은 즐거운 일이었고, 다른 사람들도 모두 아인슈타인을 좋아했다.

다음 해에 아인슈타인은 사촌인 엘자를 만났다. 뮌헨에서 살던 어린 시절 이후로 서로 만난 적이 없었지만, 두 사람은 서로 아주 가까워졌다. 엘자는 연애 편지를 써서 밀레바 몰래 아인슈타인이 근무하던 대학으로 보냈고, 읽은 뒤에는 반드시 태우게 했다. 그렇지만 아인슈타인은 밀레바와 결혼 생활을 계속 유지했다(두 사람 다 그것을 행복하게 여기진 않았지만).

아인슈타인은 프라하가 도저히 마음에 들지 않아 스위스 연방공과대학으로 옮겨 갈 기회가 생기자, 얼른 그곳으로 자리를 옮겼다.

아인슈타인은 우주의 수수께끼를 푸는 데 방해가 된다는 이유로 술을 마시지 않았지만, 파이프 담배는 피웠다. 그런데 스위스 연방공과대학은 흡연에 대해 아주 강경한 태도를 고수하고 있었다. 그렇지만……

아인슈타인은 이것 때문에 더 유명해졌다(물론 건강에는 안 좋았겠지만).

취리히에 있을 때 마리 퀴리가 딸 에브를 데리고 찾아왔다. 아인슈타인은 그들과 함께 두 아들을 데리고 산으로 도보 여행을 떠났는데, 두 사람은 잠시도 쉬지 않고 과학에 관한 대화를 나누었다. 그러다가 어느 순간, 아인슈타인은 마리 퀴리를 붙잡고 흥분해 이렇게 외쳤다.

"나는 우주에서 엘리베이터가 떨어질 때 그 안에서 정확하게 어떤 일이 일어나는지 알고 싶어요!"

그런데 이 여행에 밀레바는 왜 동참하지 않았을까? 이 무렵에 아인슈타인은 자신의 결혼 생활에 문제가 있음을 느끼고 있었다. 두 사람은 더 이상 예전처럼 과학에 대한 대화를 나누지 않았다. 아인슈타인의 부모가 밀레바를 싫어한 것도 결혼 생활에 걸림돌이 되었다.

아인슈타인은 취리히에서 돈도 넉넉하게 벌고, 시골에서 산책을 즐기고, 담배도 피울 수 있는 근사한 연구실에서 과학 연구를 마음대로 하며 행복하게 잘 살아갈 수도 있었을 것이다. 그러나 아인슈타인이 유명해지자 여러 대학에서 그를 서로 모셔 가려고 했다. 특히 베를린의 프로이센 과학 아카데미는 귀가 솔깃하는 제안을 했다. 많은 돈뿐만 아니라, 이론물리학 연구소 소장직과 프리드리히 빌헬름 대학의 교수직을 제안한 것이다. 그 대신에 아인슈타인은 베를린에 살면서 이따금 회의에 참석하기만 하면 되었다. 아인슈타인은 독일로 돌아가는 게 썩 내키지 않았지만, 친구인 막스 플랑크와 발터 네른스트가 적극적으로 설득했다. 그래서 1913년에 아인슈타인은 베를린으로 거처를 옮겼다. 취리히에 온 지 2년 만이었다.

독일로 돌아왔다는 사실과 늘 정장을 단정하게 갖춰 입어야 한다는 것, 회의(각자 자기 연구를 발표하는 가운데 나머지 사람들은 모두 조는)에 참석하는 것은 별로 마음에 들지 않았지만, 베를린 생활은 마음에 들었다. 그렇지만 밀레바는 베를린 생활이 마음에 들지 않아 얼마 후 두 아들을 데리고 취리히로 돌아가 버렸다. 5년 뒤인 1919년에 두 사람은 이혼했고, 아인슈타인은 엘자와 결혼했다. 밀레바가 이혼의 상처를 극복하는 데에는 시간이 오래 걸렸지만, 결국 두 사람은 다시 친구 사이로 돌아갔다.

아인슈타인이 베를린에 도착한 것은 1913년이었는데, 그다음 해에 엄청난 사건이 벌어졌다!

## 우주 일보

1914년 11월 6일

## 세계 대전이 일어나다!

**나쁜 소식**
지난 몇 년 동안 많은 나라가 군사력을 증강하고, 자국의 영토를 넓히려고 경쟁해 왔다. 1914년 6월 28일에 오스트리아-헝가리 제국의 황태자 페르디난트와 그 아내가 사라예보에서 세르비아인에게 암살당하는 사건이 일어나자, 오스트리아-헝가리 제국은 세르비아에 선전 포고를 했다. 그러자 동맹 관계에 있던 나라들이 잇따라 서로 선전 포고를 하게 되었다. 독일과 오스트리아-헝가리, 터키가 한 편이 되고, 영국과 프랑스, 세르비아, 러시아, 아프리카 북부 국가들이 손을 잡고 그에 맞섰다. 다른 나라들도 곧 어느 한 편에 가담해 전쟁은 곧 세계 전역으로 확대될 것으로 보인다.

**좋은 소식**
뭐 그래도 크리스마스 전까지는 전쟁이 끝날 것으로 보인다.

그러나 크리스마스 전에 전쟁이 끝날 것이라는 전망은 빗나가고 말았다. 제1차 세계 대전은 1918년 11월까지 계속되었고, 이 전쟁으로 900만 명 이상이 사망했다. 이 전쟁이 특히 병사들에게 참혹했던 이유는 기관총은 발명된 반면 전차는 발명되지 않았기(최소한 처음에는) 때문이다. 그래서 병사들은 아무런 보호도 받지 못한 채 기관총 참호를 공격하려고 맨몸으로 돌진해야 했다. 마침내 일부 병사가 기관총 참호에 접근해 파괴하기 전에 수많은 병사가 기관총 세례에 무참히 쓰러져 갔다. 그러나 그다음에는 더 많은 기관총이 기다리고 있었고, 또다시 많은 병사가 기관총에 쓰러져 갔다. 아인슈타인이 이런 상황에 질색한 것은 조금도 이상한 일이 아니다. 그는 어떤 종류의 싸움도(심지어 스포츠에서도) 싫어했기 때문에, 전쟁을 강하게 반대했다.

그렇지만 많은 친구는 전쟁을 필요하다고 보았다. 독일이 벨기에를 침공한 직후에 그들 중 일부는 '문명 세계에 드리는 호소문'이라는 제목의 성명을 세계 각지의 신문에 발표했다. 거기서 그들은 독일군이 벨기에를 침공하면서 벨기에 인을 단 한 명도 죽이지 않았다고 주장했다(물론 새빨간 거짓말이었다). 그 성명에는 독일의 유명 인사 93명이 서명했는데, 그 중에는 아인슈타인에게 독일로 돌아오라고 설득했던 막스 플랑크와 발터 네른스트도 있었다.

아인슈타인은 무엇을 할 수 있었을까? 그때 그는 태어나서 처음으로 정치적 행동을 했다. '문명 세계에 드리는 호소문'에 대항해 몇몇 사람들과 함께 다른 호소문을 발표했다.

### 유럽 인에게 드리는 호소문

최근에 발표된 '문명 세계에 드리는 호소문'에 대해 아래에 서명한 사람들은 다음 사실을 지적하고자 한다.
a) 전쟁에서 진정한 승자는 아무도 없다.
b) 유럽은 단결해야 한다.

그러나 이 호소문에 서명한 사람은 단 4명뿐이었다.

아인슈타인은 전쟁을 막기 위해 더 많은 노력을 기울였다. 전쟁에 반대하는 신문을 몰래 들여오기도 했고, 전쟁에 찬성하거나 반대하는 양 진영의 과학자들이 쓴 글들로 전쟁에 반대하는 책을 내려고 했으며, 전쟁에 반대하다가 고초를 겪는 사람들을 돕기도 했다. 그는 어디를 가나 평화를 부르짖었으나, 그의 목소리에 귀를 기울이는 사람은 없었다.

이상하게 들릴지 모르지만, 그렇다고 해서 아인슈타인이 전쟁에 찬성하는 과학자들과 사이가 나빠진 것은 아니었다. 그렇지만 사람들과의 관계는 다소 소원해졌는데, 인류 전체보다는 개개인에 대한 관심이 소홀해졌기 때문이다. 게다가 아인슈타인은 항상 사물을 멀리서 객관적으로 보려고 노력했다. 전쟁이 영원히 계속되지는 않을 것이라고 보고, 가능하면 과학 연구가 전쟁에 영향을 덜 받길 원했다. 그러려면 어느 편에 속하건 상관 없이 과학자들끼리는 서로 계속 대화를 나누어야 한다고 생각했다.

그렇다고 하더라도 그가 그런 관계를 어떻게 유지해 갈 수 있었는지 이해하기란 쉽지 않다. 예를 들면, 한 친구인 프리츠 하버는 독일군이 사용한 온갖 종류의 독가스를 발명했고, 한 전투에서 1만 5000여 명의 사상자를 낸 염소 가스의 생산을 지휘 감독했지만, 아인슈타인은 여전히 그와 친하게 지냈다. 또 한 가지 이상한 점은 아인슈타인 자신도 연구를 통해 전쟁을 도왔다는 사실이다. 뭐 그렇게 끔찍한 일을 도운 것은 아니고, 특별한 종류의 잠수함용 나침반을 개발하는 일과 비행기 날개 설계를 도운 것뿐이긴 하지만 말이다. 물론 잠수함과 비행기가 꼭 전쟁에만 사용되는 것은 아니지만, 자신의 연구가 독일 공군과 해군의 전력을 향상시키는 데 도움이 된다는 사실쯤은 알고 있었을 것이다.

1916년에 친구 아들러가 큰 사고를 쳤다. 혹시 그가 기억 나는지? 아들러는 스위스 연방공과대학 시절에 좌파 운동을 하던 학생이었고, 아인슈타인에게 자리를 양보하기 위해 프라하 대학의 교수 채용 제의를 거절한 적이 있었다. 아인슈타인은 아들러의 정치적 성향이 극단적 좌파로 변했다는 사실을 알고 있었지만, 그래도 그가 의회를 무력화시키고 독재 정치를 편 오스트리아 총리 카를 슈튀르크를 암살했다는 소식을 듣고는 놀라지 않을 수 없었다. 아들러는 사형당할 운명이었는데, 아인슈타인을 비롯해 여러 사람이 목숨만은 살려 달라고 탄원을 해 사형 대신에 징역형을 받았다.

한편 아인슈타인이 관심을 가진 것은 과학과 정치뿐만이 아니었다. 그는 차와 시가를 애호하는 작가들의 모임인 문학 협회에 매주 참석했다. 그렇지만 자신의 이론을 자꾸 설명해 달라는 요청에는 넌더리가 났다.

## 평화?

아인슈타인은 평화를 위해 많은 시간과 정력을 바쳤지만, 자신의 건강을 돌보는 데에는 소홀했다. 1917년 초에는 위와 간에 문제가 생겼고 궤양까지 생겼다.

그렇지만 그는 의학을 그다지 신뢰하지 않았다. 뭐가 잘못되었는지 확실하게 알 수 있는 방법은 그 사람이 죽을 때까지 기다렸다가 해부를 해 문제를 찾아봐야 한다고 말했다. 아인슈타인은 말할 것도 없고 세계를 위해 다행스럽게도, 그럴 필요까지는 없었다. 대신에 발트 해 연안으로 가 8주일 동안 휴식을 취하는 것으로 건강을 회복할 수 있었다. 그는 대부분의 시간을 해변에 누워 빈둥거리며 보냈다(그는 그것을 '악어처럼' 누워지냈다고 표현했지만, 그에게 다리를 물린 사람이 있었다는 기록은 전혀 없다).

이때 신발과 양말을 신지 않는 것이 얼마나 편한지 발견했다고 한다. 그 후로 그는 가능하면 이것들을(특히 양말을) 신지 않았는데, 유명 인사가 되어 근사한 식사 자리에 갈 때에도 그랬다고 한다.

그때 아인슈타인만 몸이 아팠던 게 아니었다. 밀레바와 에두아르트도 아팠다. 그들에게는 돈도 필요했다. 그래서 아인슈타인은 밀레바에게 돈을 약간 주었고, 또 장차 노벨상을 받으면 그 상금을 모두 주겠다고 약속했다.

실제로 4년 뒤에 아인슈타인은 노벨상을 받았고, 상금을 모두 밀레바에게 주었다.

1918년 가을에 아인슈타인은 상대성 이론에 대한 강의를 했는데, 11월 4일에 강의 노트에 이렇게 썼다.

혁명* 때문에 강의를 취소했다.

그것은 사실이었다. 그것은 프랑스 혁명처럼 많은 사람의 머리를 잘라 낸 혁명은 아니었지만, 그래도 대단한 혁명이었다. 독일 국민은 모두가 전쟁에 넌더리가 났고, 비록 지도자들이 승리를 장담했지만 전쟁에 질 것이 분명해 보이자, 독일인들은 평화를 요구하며 대규모 파업과 시위를 벌였다. 아인슈타인은 그 혁명을 환영했고, 독일 국민도 아인슈타인을 좋아했다. 마침내 독일 국민은 아인슈타인이 지난 4년 동안 그렇게 외쳐 왔던 것을 실행에 옮긴 것이다. 아인슈타인은 대중 사이에 인기가 아주 높았기 때문에, 학생들이 감금하고 있던 교수들을 풀어 주라고 설득하러 나서기까지 했다.

그리고 마침내……

### 우주 일보

1918년 11월 11일

### 전쟁이 끝나다!

오늘 오전 5시 정각, 마침내 독일은 연합군에게 항복했다.

*1918년 11월 7일 독일에서 발생한 혁명으로, 독일 혁명 또는 11월 혁명이라고 한다. 1918년 11월 3일 킬 군항에서 해군 수뇌부의 독자적인 전투 계획에 반대한 수병들이 반란을 일으키자, 킬의 노동자들도 이 반란에 합류했는데, 이 혁명은 독일 북부에서 서부 및 남부로 급속하게 확대되어 갔다.

## 우주 일보

#### 1919년 6월 28일

## 평화 협정이 체결되다!

오늘 30개국 대표가 참석한 가운데 프랑스 베르사유에서 열린 역사적인 회담에서 평화 조약이 서명되었다. 그 내용은 다음과 같다.

- 전쟁이 일어난 잘못은 모두 독일 때문이며, 다른 나라는 아무 책임이 없다.
- 독일의 모든 식민지와 일부 영토는 전승국이 차지한다(이것은 결코 빼앗는 게 아니다).
- 독일은 전승국들에게 막대한 보상금을 지불해야 한다.

이제 모든 문제가 잘 해결되었으니, 앞으로 세계 대전이 또다시 일어나는 일은 결코 없을 것이다.

끔찍한 4년이 지난 후 마침내 전쟁이 끝났다. 다른 사람과 마찬가지로 아인슈타인에게도 전쟁은 힘들고 우울한 시간이었다. 그렇지만 그런 어려움과 시련도 그의 연구를 막지는 못했다. 아인슈타인은 주변의 일에 신경 쓰지 않고 과학 연구에 집중하는 능력이 뛰어났다. 그는 다락방에 틀어박혀 생각하는 걸 좋아했는데, 그곳에서는 평상시처럼 외모나 옷차림에 신경 쓸 필요가 전혀 없었다. 한 방문객은 그런 그를 보고 이렇게 묘사했다.

풀어야 할 우주의 수수께끼가 없을 때면 재미삼아 어려운 수학 문제를 증명하는 것을 즐겼다. 그런데 사실은 그 당시 아인슈타인은 꼭 해결해야 할 문제가 하나 있었다. 그리고 그때까지 어느 누구도 시도하지 못한 놀라운 방식으로 그것을 해결했다!

## 구부러진 공간

아인슈타인이 앞서 발표한 상대성 이론을 왜 '특수' 상대성 이론이라고 부르는지 궁금하지 않은가? 그것은 아주 놀라운 이론이라서 그런 게 아니고(놀라운 이론인 건 맞지만), 특수한 조건에서만 성립하기 때문이다. 즉, 특수 상대성 이론은 상대성 원리가 적용되는 등속 직선 운동 조건에서만 성립한다. 그 다음에 아인슈타인은 어떤 종류의 운동(가속 운동, 감속 운동, 회전 운동, 소용돌이 운동 등등)에도 적용할 수 있는 이론을 만드는 데 도전했다. 그래서 이 이론을 '일반' 상대성 이론이라 부른다.

특수 상대성 이론을 통해 아인슈타인은 우리가 등속 운동을 하는지 하지 않는지 알 수 있는 방법이 없다는 것을 증명했고, 거기서 빛과 시간과 공간에 대해 놀라운 사실들을 발견했다.

이제 그 이론을 모든 운동에 적용할 수 있도록 확대하려고 했다. 이것은 누가 이렇게 말할 때마다······

늘 짜증나는 과학자가 튀어나와 이렇게 대답한다는 뜻이다.

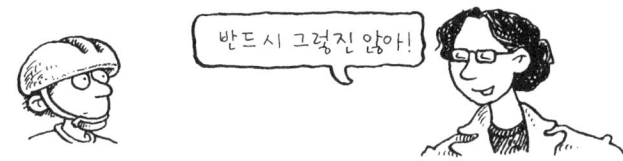

이것은 정말로 괴상한 개념이다. 얼핏 보면 말도 안 되는 소리 같다. 여러분이 탄 열차가 갑자기 멈춰 서거나 자전거가 5초 만에 시속 0km에서 시속 60km로 달린다면, 자신이 움직인다는 것을 분명히 알 수 있지 않은가? 그렇지만 모든 운동이 상대적이라는 것을 증명하려면, 그런 생각이 잘못되었다는 것을 보여 주어야 한다. 아인슈타인은 기발한 방법으로 그것을 해냈다!

하루는 연구실에 앉아 있는데, 갑자기 기발한 생각이 떠올랐다. 그는 그것을 자기 생애에서 가장 행복한 생각이었다고 말했다. 그 생각이란……

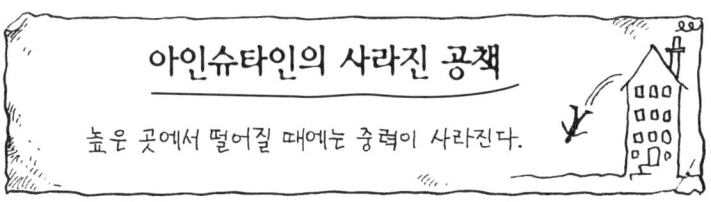

다시 말해서, 공중에서 떨어질 때에는 중력을 전혀 느낄 수 없다. 실제로 NASA(미 항공우주국)는 우주 비행사를 훈련시키기 위해 무중량 상태(흔히 무중력 상태라고 하지만, 중력이 아예 없어지는 건 아니고, 중력이 없어진 것처럼 무게를 느끼지 못하는 상태이기 때문에 무중량 상태란 말이 더 적절하다)를 만들려고 할 때 특수 비행기를 사용한다. 이 비행기는 아주 높은 곳까지 올라간 뒤에 지표면을 향해 곤두박질친다. 비행기가 떨어지는 동안 우주 비행사들은 중력을 전혀 느낄 수 없다. 이것은 정말로 기묘한 현상이다. 어떤 것이 우리를 끌어당기면 우리는 그 힘을 느낄 수 있다. 우리 몸은 주변에서 끌어당기는 힘에 대해 자연적으로 저항하는 성질(이것을 관성이라 부른다)이 있기 때문이다.

공중에서 낙하할 때 중력이 끌어당기는 힘을 전혀 느낄 수 없다면, 그것은 중력이 관성과 정확하게 상쇄된다는 뜻이다. 이것은 실험을 통해서도 증명되었다. 두 힘은 정확하게 똑같다! 그렇지만 아인슈타인 이전에 왜 그런지 그 이유를 알아낸 사람은 아무도 없었다.

아인슈타인은 중력이 할 수 있는 일은 그 어떤 것이라도 가속도가 대신할 수 있다고 가정했다. 그런데 이것은 "우리가 움직이든 움직이지 않든, 물리학 법칙은 똑같이 적용된다."는 원리처럼 명백한 개념이긴 하지만, 그것을 가지고 뭘 할 수 있단 말인가? 그렇지만 아인슈타인은 그것을 가지고 무엇을 할 수

있는지 알고 있었다.

## 여러분의 건강을 위한 경고!

일반 상대성 이론에는 간단한 수식이 약간 나온다. 물론 간단하다는 것은 어디까지나 상대적이다. 음, 솔직히 말하면, 아주 어려운 수식이 아주 많이 나온다. 음, 조금 더 정확하게 말하면, 여러분의 정신을 쏙 빼놓을 만큼 무지무지 어렵고 끔찍한 공포의 수식이 정신 차리지 못할 만큼 무수히 나온다. 그렇지만 안심하라. 좋은 소식도 있으니까. 일반 상대성 이론의 내용은 수학을 전혀 사용하지 않고서도 이해할 수 있다. 그래서 이 장에는 수식이 전혀 나오지 않는다. 그리고 일부 개념은 이해하는 데 조금 복잡하고 어려울 수도 있으므로, 132쪽에 따로 요점 정리를 실어 두었다.

열차와 상대성 원리를 다시 생각해 보기로 하자. 아인슈타인이 해야 할 일은 열차가 어떻게 움직이든 간에 상대성 원리가 성립함을 증명하는 것이었다. 다시 말해서, 열차가 갑자기 멈춰 서건, 속도를 높이건, 모퉁이를 돌아가건, 속도를 늦추건, 심하게 흔들리건, 충돌하건 간에, 열차에 탄 승객은 열차가 움직이는 것을 알 방법이 없음을 증명해야 했다.

그런데 이런 종류의 운동은 우리 몸이 그것이 일어난다는 것을 느낄 수 있다. 가속이나 감속의 느낌으로 열차가 어떻게 움직이는지 알 수가 있다. 앞으로 이런 종류의 운동들을 뭉뚱그려 '가속 운동'이라고 부르기로 하자. 만약 가속 운동에 대해서도 상대성 원리가 성립하려면, 가속도 말고 다른 것으로도 그런 효과를 일으킬 수 있음을 증명해야 한다. 그런데 아인슈타인은 가장 행복한 생각 덕분에 그것을 알고 있었다. 그 다른 것은 바로 중력이었다.

그런데 아인슈타인은 중력과 가속도의 효과가 같다는 것을 어떻게 증명할 수 있었을까? 만약 중력이 가속도가 하는 일을 어떤 것이라도 할 수 있다면, 지표면 위에 정지해 있는 방에 있는 빛이나 위로 엄청난 속도로 가속되는 방 안에 있는 빛이나 똑같은 행동을 보여야 할 것이다. 그렇다면 가속되는 방 안에서 빛은 어떤 행동을 보일까? 사고 실험에서 보듯이, 빛은 구부러져야 한다!

우왕이와 좌왕이가 광속에 가까운 속도로 달리는 데 익숙한 슈퍼맨급 운동선수라고 하자. 우왕이는 아주 강력한 레이저를 갖고 있고, 좌왕이는 작은 젤리가 하나씩 놓여 있는 접시를 3개 갖고 있다.

먼저, 우왕이는 좌왕이가 들고 있는 첫 번째 젤리를 향해 레이저를 발사한다. 두 사람에게는 아주 느리게 보이는 레이저 광선이 젤리를 관통해 구멍을 뚫는다. 그 구멍은 이렇게 보일 것이다.

다음에는 좌왕이가 두 번째 젤리(이번엔 라임 젤리)를 들고, 우왕이가 레이저를 발사한다. 그런데 레이저 광선이 젤리를 녹이는 동안에 좌왕이는 접시를 위로 들어올린다. 그래서 젤리가 녹은 가장자리는 빗변을 이루게 된다.

빗변이 이루는 선은 레이저 광선이 젤리를 지나간 자국을 보여 준다.

이번에는 조금 복잡한 시도에 도전한다. 우왕이가 전과 마찬가지로 레이저를 발사하는 동안 좌왕이는 세 번째 접시(레몬 젤리가 올려져 있는)를 처음에는 천천히 들어 올리다가 점점 더 빨리 들어올린다. 즉, 접시의 움직임을 가속시킨다. 그러면 이번에 젤리가 녹은 가장자리는 곡선을 그리게 된다.

이 실험으로 다음 두 가지 결론을 얻을 수 있다.
- 가속 운동을 하는 젤리(혹은 방)를 지나가는 레이저 광선(혹은 다른 광선)의 경로는 곡선을 그린다.
- 향긋한 과일 향 냄새가 진동한다.

그래서 아인슈타인은 가속도가 빛을 구부러지게 한다는 사실을 알아냈다. 그런데 가속도와 중력이 똑같은 효과를 나타낸다면, 중력은 물줄기를 구부러지게 하듯이 빛도 구부러지게 해야 한다.

최근에 허블 우주 망원경은 우주에서 무거운 물체 근처를 지나가는 빛이 구부러지면서 만들어 내는 기묘한 형태를 여러 가지 발견했다. 그 중에는 '아인슈타인 십자가'라고 부르는 것도 있다. 페가수스자리에서 맨 처음 발견된 아인슈타인 십자가는 5개의 별처럼 보이지만, 실제로는 하나의 별이다. 그 별에서 나오는 빛이 근처에 있는 은하 때문에 구부러져서 5개의 별처럼 보이는 것이다.

빛이 구부러질 수 있다는 개념은 처음에는 그다지 놀라운 것으로 보이진 않았다. 그러나 특수 상대성 이론과 마찬가지로, 아인슈타인이 단순한 개념을 바탕으로 논리적인 추론을 해 나가 놀라운 결론들이 나왔다.

### 시간을 얼어붙게 하는 중력

표면이 털로 덮인 아주 거대한 공이 엄청나게 빠른 속도로 일직선으로 굴러온다고 상상해 보라. 공이 앞으로 지나갈 때, 여러분은 손을 뻗어 그것을 붙잡으려고 한다. 털 일부를 붙잡았지만, 붙잡는 힘이 충분하지 못해 공은 금방 내 손을 뿌리치고 계속 굴러간다. 그런데 공이 굴러가는 방향에는 어떤 변화가 생길까? 공은 방향이 조금 바뀌어 굴러간다. 빛이 태양 옆을 스쳐 지나갈 때에도 이와 똑같은 일이 일어난다.

그런데 이게 다가 아니다. 손이 닿으면 공의 속도도 약간 느려진다. 중력도 빛에 이와 똑같은 일을 한다. 즉, 중력은 빛을 구부러지게 하고, 속도를 늦춘다. 만약 빛의 속도가 느려진다면, 빛 시계 역시 느려질 것이다. 아인슈타인은 특수 상대성 이론으로 이것이 무엇을 의미하는지 이미 알고 있었다.

> ### 시간과 공간에 관한
> ### 다섯 번째 비밀:
> 중력은 시간을 느리게 흐르게 한다.

상대성 이론의 모든 효과와 마찬가지로 이 효과 역시 우리가 경험하는 일상적인 현실 세계에서는 눈치 챌 수 없을 정도로 극히 미미하게 나타난다. 지표면에 미치는 지구의 중력이 시간을 늦추는 효과는 100년에 1초 정도에 지나지 않는다. 그렇지만 이 미미한 효과는 실험을 통해 확인되었다. 정밀한 원자시계를 싣고 높이 비행기에 날게 했더니 원자시계가 아주 약간 더 빠르게 흐르는 결과가 나왔다. 높은 고도를 나는 비행기에는 지구의 중력이 약하게 작용하기 때문이다.

태양의 중력은 지구보다는 훨씬 크지만, 그래도 아주 큰 것은 아니다. 아, 물론 여러분이 태양 표면에 가서 선다면, 몸무게가 1.5톤이나 나가겠지만 말이다(다만, 실제로 그렇게 하는 것은 불가능한데, a) 표면 온도가 5500°C나 되고, b) 태양이 기체로 이루어져 있어 발을 딛고 설 표면이 없기 때문이다)!

태양의 중력이 빛을 구부리거나 시간을 지연시키는 효과는 아주 작다. 그 옆을 지나가는 광선은 아주 조금만 구부러질 뿐이고, 시간도 극히 조금(1년에 1분 정도) 느려질 뿐이다.

그러나 우주에는 중력이 아주 큰 물체들이 많다. 그 중에는 아인슈타인이 들어 보지 못한 블랙홀이라는 것도 있다. 블랙홀은 정말로 무시무시한 괴물이다. 블랙홀은 단지 빛을 구부러뜨리는 데 그치는 게 아니라, 안쪽으로 끌어당겨 다시는 바깥쪽으로 나가지 못하게 한다. 또, 단지 시간을 조금 느리게 하는 정도에 그치는 게 아니라, 시간을 완전히 멈추게 한다. 이것은 여러분의 힘이 아주 강해 앞으로 지나가는 공을 꽉 붙들어 놓아 주지 않는 것과 같다.

우주선이 블랙홀에 가까이 다가가는 것을 밖에서 바라본다면, 블랙홀에 가까워질수록 우주선의 속도가 점점 느려질 것이다. 만약 성능이 아주 좋은 망원경이 있어 우주선 내부를 볼 수 있다면, 우주선에 타고 있는 사람의 동작이 점점 느려지고, 그 사람이 차고 있는 손목시계도 점점 느리게 흐르는 게 보일 것이다. 만약 그 사람이 블랙홀 주위를 얼마 동안 돌다가 여러분에게 돌아온다면, 그동안 그 사람에게 흐른 시간은 여러분에게 흐른 시간보다 더 짧을 것이다.

이것은 아주 기묘한 상황을 빚어낼 수 있다. 만약 부모님이 2010년에 휴가차 블랙홀로 여행을 떠났다가 집으로 돌아온다면, 여러분보다 더 젊을지도 모른다! 여러분의 시간으로는 부모님이 휴가를 20년이나 보내고 온 것으로 보이지만, 부모님에게는 시간이 겨우 1주일만 흘렀을 수도 있다. 그렇지만 지구로 돌아왔을 때 지구의 시간은 2030년이다!

따라서 아인슈타인은 시간 여행을 할 수 있는 방법을 발견한 셈이다. 필요한 것은 강한 중력장을 만들 만큼 많은 물질(어떤 것이라도 괜찮다)과 그 중력장으로 들어갔다가 빠져 나올 수 있는 고성능 우주선만 있으면 된다. 그렇지만 이것을 타임머신으로 사용하는 데에는 한 가지 문제가 있다. 비록 미래로 시간 여행을 할 수는 있지만, 자기가 살던 시대로 다시 돌아갈 수는 없다는 점이다. 과거로 시간 여행을 하는 것은 불가능하기 때문이다(그렇지만 그렇게 할 수 있는 방법이 있을지도 모른다. 그 가능성은 나중에 살펴보기로 하자).

아인슈타인은 이것 말고도 놀라운 사실들을 더 발견했다.

## 회전의 비밀

자전거 바퀴 하나가 우주 공간에서 광속의 절반 속도로 빙빙 돈다고 상상해 보라. 타이어가 아주 빠른 속도로 움직이기 때문에 그것의 둘레 길이가 짧아질 것이다(세 번째 비밀: 움직이는 물체는 수축한다). 타이어가 작아진다면 바퀴 자체도 작아져야 한다. 그렇다면 바퀴살은 어떻게 될까? 바퀴살도 움직이긴 하지만, 빙빙 돌면서 옆 방향으로 움직이기 때문에 길이가 짧아지는 대신에 두께가 가늘어질 것이다. 그렇지만 바퀴살의 길이가 그대로라면 바퀴도 크기를 그대로 유지해야 한다. 바퀴의 둘레 길이는 작아지는데 지름은 그대로 유지된다는 게 가능한가? 이것은 특수 상대성 이론이 틀렸다는 증거가 아닐까?

그러니까 이 상황을 설명하는 데에는 특수 상대성 이론이 적합하지 않다는 이야기다! 그렇다면 가속 운동을 다루는 일반 상대성 이론이라면 이 상황을 설명할 수 있지 않을까?

> 맞아요. 가속도와 중력은 시간뿐만 아니라 공간에도 영향을 미치기 때문이죠. 바퀴살의 길이는 짧아지지 않으면서 타이어가 작아질 수 있는 방법이 있어요. 공간이 구부러져 바퀴 안쪽에 여분의 공간이 더 생기면, 바퀴살이 충분히 들어갈 수 있지요!

아인슈타인은 중력 때문에 나타나는 모든 효과는 공간이 구부러지거나 비틀리거나 그 밖의 방식으로 변형되는 것으로 설명할 수 있다고 생각했다. 그리고 물질 때문에 중력이 생겨나고, 중력이 공간을 구부러뜨린다고 말할 필요도 없다는 사실을 깨달았다. 대신에 간단히 이렇게 표현하면 되니까……

---

**시간과 공간에 관한
여섯 번째 비밀:**

물질은 공간을 구부러뜨린다.

---

따라서 아인슈타인은 물질이 시간을 느리게 흐르게 하고, 공간을 구부러뜨린다는 사실을 발견했다. 간단히 말하면, 물질은 시공간을 구부러뜨린다.

구부러진 시공간이라는 개념은 여러 가지로 편리했다. 광선이나 움직이는 물체는 외부에서 힘을 가하지 않으면, 일직선으로 나아간다. 그러나 행성이나 별 같은 물체가 있으면, 그 질량이 주변의 시공간을 구부러뜨린다. 그래서 그 근처를 지나가는 빛이나 물체는 일직선으로 나아가지 못한다. 레일이 구부러져 있으면 열차도 구부러진 궤도를 따라가야 하듯이, 빛이나 물체도 시공간이 구부러져 있으면 구부러진 시공간을 따라 나아가야 한다.

그것은 마치 해변에 모래 구덩이를 파놓은 것과 비슷하다. 일직선으로 굴러오던 비치볼은 구덩이 가장자리를 지나갈 때 곡선을 그릴 것이다. 그것은 여러분이 비치볼을 붙잡아서 그런 것이 아니라, 바닥이 경사져 있기 때문이다. 혹은 이렇게 생각해 볼 수도 있다. 어질러 놓기 좋아하는 친척이 여러분 집으로 와 가방과 옷가지와 박제 표범 같은 물건들을 거실 곳곳에 늘어놓고는 소파 위에서 잠을 잔다고 상상해 보라. 온 바닥에 이런 물건들이 널려 있으면, 여러분은 거실에서 일직선으로 걸어 다닐 수가 없다. 최대한 직선 방향으로 가려고 노력하지만, 그래도 물건이 널려 있지 않은 곳을 밟고 가야 하기 때문에 몸을 이리저리 틀지 않을 수 없다(혼자서 뭐라고 마구 중얼거리면서). 그렇다고 지저분한 친척이 여러분을 직접 끌어당기거나 미는 것은 아니다. 그저 바닥 위에 물건을 어질러 놓은 것 때문에 이런 효과가 나타나는 것이다.

그래서 아인슈타인은 우주의 비밀을 또 하나 발견했다.

---

### 시간과 공간에 관한
### 일곱 번째 비밀:

빛과 물질은 시공간의 모양에 따라 나아가는 경로가 달라진다.

---

**골치 아픈 수학**

그런데 아인슈타인은 아직 이론을 절반밖에 완성하지 못했다. 물질이 시간과 공간을 변화시킨다는 것은 알았지만, 정확하게 얼마나 변화시키는지 계산하는 방법을 찾아야 했다. 그러나 아인슈타인은 그럴 수가 없었다.

문제는 만약 물질이 공간을 구부러뜨린다면, 그 공간의 곡률(구부러진 정도)을 측정하기 위해 공간에 집어넣는 장비도 똑같이 구부러진다는 데 있다. 67쪽에서 소개한 것과 같은 다이어그램은 특수 상대성 이론이 적용되는 상황에서 일어나는 일을 알아내는 데에는 도움이 되지만, 일반 상대성 이론은 그 페이지를 잡아 찢어 돌돌 뭉친 다음, "자, 이제 이 다이어그램을 이용해 종이가 얼마나 꾸깃꾸깃한지 알아보자."라고 말하는 것과 같다. 그렇지만 그것은 불가능하다. 다이어그램 자체가 이미 구겨진 종이의 일부가 되었기 때문이다. 이것은 아주 어려운 문제였다. 아인슈타인은 기하학을 사용하지 않고 물리학 법칙을 표현하는 것은 "말을 사용하지 않고 생각을 설명하는 것과 비슷하다."라고 말했다.

그래서 아인슈타인은 친구들에게 도움을 청했다. 한번은 불시에 친구인 마르셀 그로스만의 집으로 쳐들어가 "나 좀 도와 줘! 안 그러면 미치고 말 서야!"라고 말하기까지 했다. 일반적인 기하학을 가지고는 아무런 성과도 거둘 수 없었기 때문에 그로스만은 다른 기하학을 사용해 보라고 권했다. 몇 년 전에 베른하르트 리만이라는 천재 수학자가 가열된 금속판이 구부러지는 이유에 대해 흥미로운 연구를 하면서 아주 어려운 기하학을 개발해 놓은 게 있었다. 그로스만은 그 기하학이 아인슈타인에게 도움이 될 것이라고 생각했는데, 실제로 그랬다.

## 여러분의 건강을 위한 경고!

116쪽에서 나는 거짓말을 했다. 사실 이 장에는 방정식이 2개나 등장한다. 그렇지만 그냥 그런 게 있나 보다 하고 보아 넘기면 된다.

아인슈타인은 그로스만에게서 많은 도움을 받아 가며 몇 년 동안 애쓴 끝에 마침내 원하던 수식을 구했다. 그것은 정말로 아주 복잡한 수식이었다. 예를 들면, 아이작 뉴턴은 작은 구의 질량처럼 아주 단순한 물체가 지닌 중력은 다음 수식으로 나타낼 수 있다고 말했다.

그러나 아인슈타인은 중력 대신에 구부러진 시공간으로 모든 것을 설명해야 했기 때문에, 거기에 필요한 방정식은 다음과 같은 것이 되고 말았다.

외계인 아찔이

그런데 아인슈타인에게는 골칫거리가 또 하나 있었다. 정상적인 기하학을 포기할 경우, 한 가지 질문에 답이 여러 가지 나올 수 있었다. 예를 들어 원의 넓이는 정상적으로는 $\pi r^2$로 구할 수 있다. 따라서 바퀴살의 길이가 50cm인 자전거 바퀴의 넓이는 $3.1416 \times 50 \times 50$, 즉 약 8000cm²가 나온다. 그러나 아인슈타인이 사용하려고 하는 기하학에서는 그 넓이가 수많이 나올 수 있다. 작아진 타이어 안쪽에 짧아지지 않은 바퀴살을 집어넣을 수 있도록 공간을 구부러뜨리거나 잡아 늘이는 방법이 아주 많기 때문이다.

그렇다면 아인슈타인은 시공간이 실제로 구부러져 있는 방식을 나타내기에 적합한 방법을 어떻게 선택할 수 있었을까?

처음에는 뉴턴의 연구가 큰 도움이 되었다. 뉴턴이 발견한 법칙들은 거의 모든 상황에서 잘 성립한다. 따라서 그런 상황에서는 아인슈타인의 방정식들도 뉴턴의 방정식들과 거의 같은 답을 내놓아야 한다. 우리가 잘 알고 있는 세계에서는 뉴턴의 방정식들이 거의 정확하게 들어맞기 때문이다.

실제로 그때까지 뉴턴의 방정식들이 성립하지 않는 경우는 수성의 움직임(근일점 이동) 딱 한 가지뿐이었다. 따라서 아인슈타인의 방정식들은 뉴턴의 방정식들처럼 모든 것을 정확하게 설명하면서 그와 동시에 수성의 운동도 정확하게 설명할 수 있어야 했다.

그래서 시공간에 관한 방정식들을 검토해 그 답들이 맞는지 틀리는지 확인할 수 있었다. 그렇지만 그전에 먼저 어떤 종류의 방정식들을 사용해야 하는지는 어떻게 알 수 있었을까?

바로 여기에 아인슈타인의 '신'이라는 개념이 등장한다. 만약 신이 이 상황에서 선택을 한다면 어떻게 할까? 가장 간단한 방정식을 선택하지 않겠는가? 아인슈타인도 그렇게 해 보았더니 실제로 잘 맞아떨어졌다! 그가 얻은 답들은 뉴턴이 예측한 것과 일치했고, 또 수성의 움직임도 잘 설명했다. 그런데 아인슈타인이 선택한 방정식들은 애초에 모두 악몽처럼 복잡한 것이어서 가장 간단한 것이라 할지라도 여러분은 그것을 보는 순간 멍해질 것이다. 그렇지만 다행히도 우리는 그런 것에 신경 쓰지 않아도 된다. 어쨌든 아인슈타인은 며칠 동안 더할 수 없이 행복한 기분에 빠져 지냈다. 그것은 그에게 생애 최대의 업적이었으며, 역사상 최대의 과학 업적으로 꼽을 만한 것이었다. 그는 마침내 운동과 중력, 시간, 공간, 에너지를 시공간으로 나타낼 수 있는 방정식들을 발견했다. 그리고 얼마 후 그 방정식들이 우주 자체도 설명해 준다는 사실을 알게 된다.

아인슈타인은 일반 상대성 이론을 사용해 중력의 기묘한 성질도 설명할 수 있었다. 뉴턴의 법칙에서는 중력이 즉각적으로 (즉, 시간이 전혀 걸리지 않고서) 전달된다고 이야기한다. 이것은 중력이 무한대의 속도로 전달된다는 것을 뜻한다. 그렇지만 아인슈타인은 빛보다 더 빨리 달리는 것은 없다고 누누이 말하지 않았던가? 그는 일반 상대성 이론을 사용해 중력이 파동의 형태로 빛의 속도로 달린다는 것을 입증할 수 있었다.

지금은 거의 모든 과학자가 중력파가 존재한다고 믿고 있으며, 중력파를 발견하려고 거대한 감지기들을 설치해 조사하고 있지만, 아직까지 중력파는 발견되지 않았다. 그런데 1987년에 우리 이웃 은하에 있는 큰 별이 폭발하는 사건이 일어났다.

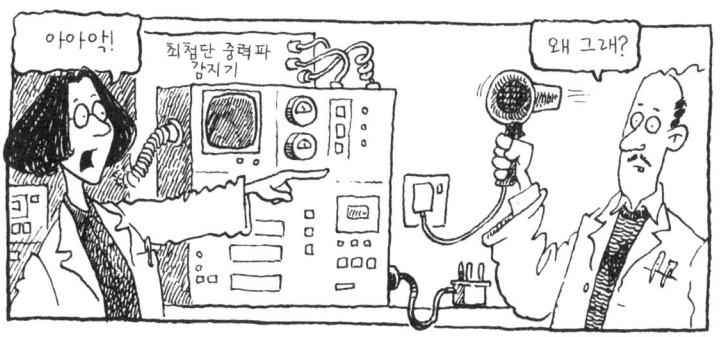

그것은 중력파를 측정할 수 있는 절호의 기회였으나, 애석하게도 바로 그 순간 세 대의 중력파 감지기는 모두 꺼져 있었다.

일반 상대성 이론은 아주 광범위하고 복잡한 이론이며, 아직도 많은 과학자가 여기에 매달려 연구를 계속하고 있다. 그렇지만 이 연구들은 모두 아인슈타인이 만든 법칙들을 바탕으로 하고 있다.

## 요점 정리
## 아인슈타인의 놀라운 이론: 일반 상대성 이론

1. 특수 상대성 이론은 우리가 등속 직선 운동을 하는지 하지 않는지 아는 게 불가능하다는 것만 보여 주었다. 아인슈타인은 우리가 가속 운동을 하더라도, 그것을 알 수 없다는 것을 보여 주고자 했다. 그리고 중력의 법칙은 특수 상대성 이론으로 제대로 설명할 수 없었다.

2. 아인슈타인은 중력의 효과가 가속도의 효과와 같다는 것을 깨달음으로써 이 문제들을 해결할 수 있었다. 즉, 중력이 할 수 있는 일은 그것이 무엇이든 가속도도 할 수 있다(물론 그 반대도 성립한다).

3. 가속도는 빛을 구부러지게 한다. 따라서 중력도 빛을 구부러지게 한다.

4. 중력이 빛을 구부러지게 한다면, 중력은 빛의 속도도 늦출 것이다.

5. 따라서 중력은 빛 시계를 느리게 흐르게 한다.

6. 따라서 중력은 시간을 느리게 흐르게 한다.

7. 특수 상대성 이론에 따르면, 회전하는 바퀴는 타이어의 둘레 길이가 짧아지는 반면, 바퀴살의 길이는 그대로여야 한다. 이것은 바퀴살이 들어갈 여유가 있을 만큼 공간이 구부러져야만 가능하다. 따라서 회전(가속 운동의 일종)은 공간을 구부러뜨린다.

8. 가속도가 할 수 있는 일이라면 그것이 무엇이건 중력도 할 수 있다. 따라서 중력도 공간을 구부러뜨린다.

9. 사실, 중력은 물질이 시간과 공간에 만들어 내는 곡률(구부러진 정도)이다.

# 구부러진 공간을 확인하다

아인슈타인은 자신이 만든 일반 상대성 이론에 아주 만족했고, 그것이 옳다고 확신했지만, 그것을 완전하게 증명하는 게 필요했다. 그래야만 이렇게 말할 수 있으니까…….

아인슈타인은 태양 옆을 스쳐 가는 빛은 구부러져야 한다고 말했다. 이것은 태양이 하늘에서 움직일 때, 그 옆에 있는 것처럼 보이는 별들(실제로는 아주 멀리 떨어져 있는 별들)에서 오는 빛이 구부러진다는 뜻이다. 따라서 태양 가까이에 있는 별들에서 오는 빛을 관측한 뒤에, 태양이 그곳에 없을 때 그 별들에서 날아오는 빛이 어떻게 변하는지 비교해 보면 된다. 그러면 정말로 태양 때문에 빛이 구부러지는지 확인할 수 있다. 너무나 간단해 보이지? 문제는 태양은 낮에만 볼 수 있는데, 낮에는 밝은 햇빛 때문에 그 옆에 있는 별들을 볼 수 있는 방법이 없다는 데 있다!

그렇지만 과학자들이 그 해결책을 찾아냈는데, 바로 개기 일식이 일어나는 순간 태양 주위에 있는 별들을 관측하는 방법이었다!

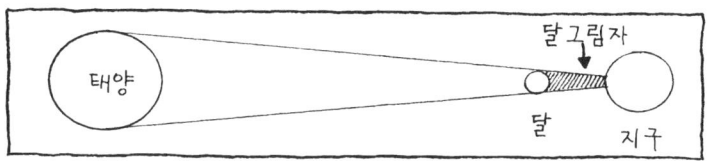

아인슈타인은 1914년에 개기 일식이 일어날 때 이것을 관측하기를 원했지만, 제1차 세계 대전이 일어나는 바람에 그 기대는 물거품이 되고 말았다. 다행히도 몇 년 뒤인 1919년에 다시 개기 일식이 일어날 예정이었다. 게다가 이 개기 일식은 태양이 히아데스 성단에 속한 많은 별들 앞에 있을 때 일어난다고 했다. 따라서 별빛이 구부러지는지 않는지 관측할 수 있는 대상이 비교적 많았다. 1917년에 과학자들은 이 기회를 놓치지 않으려고, 힘든 여건 속에서도 태양 가까이에 있는 별들을 관측할 계획을 세웠다. 개기 일식은 적도 근처의 일부 지역에서만 볼 수 있었는데 그 당시는 제1차 세계 대전이 아직 끝나지 않은 때였다.

이를 위해 2개의 관측 팀이 조직되었다. 하나는 아서 에딩턴이 이끌기로 했다. 에딩턴은 영국의 유명한 과학자로, 머리가 아주 비상해 상대성 이론을 속속들이 꿰고 있었다. 아인슈타인도 아주 똑똑하고 평화주의자인 에딩턴을 좋아했다. 에딩턴은 전쟁에 나가 싸우길 거부했고, 영국 정부는 그것을 봐주었다. 하기야 그렇게 대단한 천재를 굳이 전쟁터에 내보낼 이유가 없었다. 에딩턴은 전쟁이 끝나건 끝나지 않건, 서아프리카 앞바다에 있는 프린시페 섬에서 개기 일식을 관측할 탐사대를 조직했다. 한편 다른 과학자들은 그날 아프리카의 날씨가 흐릴 경우에 대비해 브라질의 소브라우에서 개기 일식을 관측할 탐사대를 조직했다.

과학자들은 1919년의 개기 일식이 아인슈타인의 상대성 이론이 옳은지 그른지 입증해 줄 것이라고 기대했다. 아인슈타인은 자신이 뉴턴보다 더 똑똑하다고 생각하지 않았으며, 그저 자기가 좀 더 유리한 지점에서 출발했을 뿐이라고 여겼다. 그러나 일부 사람들의 생각은 달랐다.

## 영국 불도그 신문

1919년 11월 5일

### 과학계의 대결투

과학계의 햇병아리 도전자 알베르트 아인슈타인과 불세출의 천재 챔피언 아이작 뉴턴 사이에 세기의 대결이 벌어졌다. 영국 과학자들이 이끄는 두 탐사대가 먼 이국땅으로 가 개기 일식이 일어나는 동안 태양 근처에 있는 별들의 사진을 찍었다.

지금 현재 과학자들은 그 사진을 분석 중이다. 아인슈타인은 태양의 중력이 시간과 공간을 구부러뜨리고, 태양 옆을 지나가는 별빛의 진로도 구부러뜨린다고 말한다. 따라서 개기 일식 때 찍은 별들의 위치는 그 별들이 태양에서 멀리 떨어져 있을 때의 위치와 차이가 날 것이다.

지금 뉴턴의 의견을 물어 볼 수는 없지만, 그는 아인슈타인의 의견에 동의하지 않을 것이다. 마침내 결정의 순간이 내일로 다가왔다! 내일, 런던 왕립학회 회의에서 그 결과가 발표되고, 누가 옳은지 판가름 날 것이다. 우리는 당연히 뉴턴을 지지한다!

*5쪽의 '전통 과학으로 돌아가자' 는 우리 캠페인에 동참해 주세요! 추첨으로 귀여운 뉴턴 인형을 선물로 드립니다.

1919년 11월 6일, 왕립학회 회의에는 아인슈타인도 뉴턴도 참석하지 않았다. 아인슈타인은 자신이 옳다는 것을 이미 알고 있었기 때문에 가지 않았고, 뉴턴은 가고 싶어도 갈 수가 없었

다(이미 200여 년 전에 죽었으니). 뭐 여러분에게는 새삼스러운 사실이 아니겠지만, 그 회의는 아인슈타인이 옳다고 발표했다. 대다수 과학자들도 그 발표에 놀라지 않았다. 이미 그 결과는 몇 주일 전에 알려져 있었고, 그 회의는 왕립학회가 그것을 공식적으로 대중에게 발표하는 자리였기 때문이다.

그 발표 이후 많은 논쟁이 벌어졌는데, 많은 사람들은 상대성 이론을 제대로 이해하지 못하겠다고 말했다. 상대성 이론을 잘 안다고 자부했지만 그것이 틀렸다고 생각했던 물리학자 루트비히 실버슈타인은 에딩턴에게 이렇게 말했다고 한다.

(불쌍한 실버슈타인! 이 말에 자존심이 팍 상했겠지?)
다음 날이 되자, 아인슈타인은 엄청나게 유명해져 있었다.

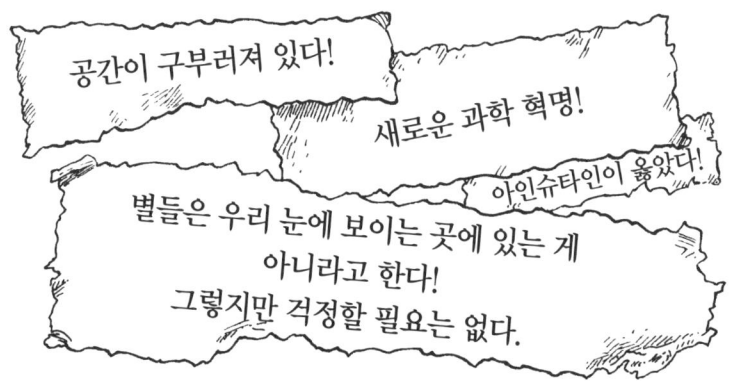

아인슈타인은 그전에도 독일에서는 꽤 유명했지만, 다른 나라들에는 잘 알려지지 않았는데, 이제 갑자기 전 세계의 모든 신문들은 그의 이름으로 도배를 했다. 아인슈타인은 자신이 슈퍼스타가 되었다는 사실을 금방 눈치 채지 못했지만, 곧 자기한테 무슨 일이 일어나고 있다는 것을 느끼게 되었으며, 특히 〈일러스트레이티드 베를린 타임스〉가 일면에 '세계사의 새로운 거인'이란 제목과 함께 그의 사진을 크게 싣자 그것을 실감했다.

그렇지만 자신을 두고 벌어지는 그 요란한 난리법석은 이해하기가 어려웠다. 몇 년 뒤에 찰리 채플린을 만났을 때, 군중이 두 사람에게 열렬한 환호를 보내자, 채플린은 이렇게 말했다.

아마도 채플린의 말이 맞을 것이다. 사람들이 아인슈타인을 좋아한 것은 그가 아주 똑똑했기 때문일 것이다. 사람들은 그를 괴상한 헤어스타일에 초인적인 지능을 가진 외계인을 보듯 했을 것이다. 게다가 힘들고 암울하던 시대에 전쟁 외에 이야기할 거리가 생겼다는 것도 사람들에게 반가운 일이었다.

아인슈타인은 곧 유명 인사로 살아가는 것에 익숙해졌는데, 그것은 편리한 점도 많았다. 위트가 넘치고 매력적이고 겸손했던(어느 정도는) 그는 그런 삶에 잘 적응했다. 게다가 과학뿐만 아니라 어떤 주제에 대해 이야기를 하더라도 사람들이 귀를 기울여 주는 게 참 좋았다. 아인슈타인은 제1차 세계 대전을 겪으면서 평화의 가치가 얼마나 큰지 새삼 절감했다.

유명세 때문에 아인슈타인의 강의가 큰 인기를 끌자 정작 학생들은 강의를 듣기가 힘들었다. 아인슈타인이 강의하는 것을 보려고 별의별 사람들이 다 몰려와 큰 소리로 떠들고, 상대성 이론을 잘 이해하지 못하면서도 아는 것처럼 자랑하다가 가곤 했다. 결국 학생들은 불만을 제기했고, 강의료를 환불받았다.

유명해진 아인슈타인은 이제 세계 각지로 불려 다니면서 상대성 이론에 대해 강연을 했다.

여행을 하는 동안 아인슈타인은 놀라운 이야기를 들었다. 데이턴 밀러라는 과학자가 빛의 속도는 지구의 움직임에 따라 변한다는 사실을 발견했다고 했다. 빛의 속도가 어떤 상황에서도 똑같지 않고 변한다면, 상대성 이론의 기반 자체가 와르르 무너지고 만다. 그것은 말하자면 뉴턴에게 사과가 항상 땅으로 떨어지는 게 아니라, 하늘로 올라가기도 한다고 말하는 것이나 같은 것이었다. 그렇지만 아인슈타인은 그 주장을 믿지 않았다. 그리고 신은 오묘하지만 악의적이지는 않다고 정중하게 말했다. 다시 말해서, 우주는 이해하기가 쉽지 않지만, 그래도 합리적이다. 반면에 밀러가 얻은 결과는 그렇지 않다는 것이다(물론 나중에 밀러의 발견은 틀린 것으로 밝혀졌다).

아인슈타인이 일본에서 여행을 즐기고 있을 때, 자신이 노벨 물리학상 수상자로 결정되었다는 소식을 들었다. 아인슈타인은 이미 4년 전, 언젠가 이런 날이 올 것이라고 예상하고 그 상금을 밀레바에게 다 주기로 약속했다! 그런데 그 상은 상대성 이론 때문에 받은 것이 아니었다. 수상이 결정되기까지 약간의 논란이 있었는데, 유명한 과학자들이 아인슈타인을 하도 많이 언급했기 때문에 아인슈타인이 천재라는 건 누구나 알고 있었다. 그렇지만 상대성 이론의 검토를 부탁받은 전문가들은 결론을 내리기가 힘들었는데, 아마도 상대성 이론을 제대로 이해하지 못했기 때문이었을 것이다. 게다가 노벨상은 실용적으로 도움이 된 연구에만 주도록 되어 있었다. 그래서 노벨상 위원회는 안전한 쪽을 선택해, 광전 효과를 연구한 업적을 높이 사 상을 주기로 결정했다. 물론 이 연구 역시 충분히 노벨상을 받을

만한 가치가 있는데, 자세한 것은 나중에 다룰 것이다.

그런데 그의 유명세는 여행과 즐거움만 가져다 준 게 아니었다. 거기에는 위험도 따랐다.

### 정치적 활동

11월 혁명 이후의 베를린은 평온하지 않았다. 1920년 3월에는 군인들이 권력을 잡으려고 반혁명을 일으켰다. 이 때문에 새 정부는 피신해야 했고, 곳곳에서 폭력 사태가 일어났다. 며칠 뒤에 이 소란은 진정되었지만, 베를린의 치안 상태는 몹시 불안했다. 유명한 유대 인이자 혁명을 지지했던 아인슈타인은 일부 과격한 독일인들의 표적이 되었다. 순수 과학의 보존을 위한 독일 과학자 노동당이라는 단체가 만들어졌는데, 이것은 사실상 반아인슈타인 협회였다. 아인슈타인은 이 단체를 농담 삼아 반상대성 이론 주식회사라고 불렀다. 이 단체는 사람들에게 상대성 이론을 비판하라고 부추겼다.

아인슈타인의 친구들과 많은 과학자들은 이 협회를 비난하고 아인슈타인을 옹호했지만, 그다지 큰 도움이 되지 않았다.

게다가 아인슈타인이 이 협회의 공격에 대응하느라 베를린의 한 신문에 반박하는 글을 실은 것도 사태를 악화시켰다. 거기서 그는 협회 회원들을 '빈대'라고 불렀다. 사람들은 아인슈타인이 좀 더 느긋한 반응을 보이지 않은 것에 깜짝 놀랐다. 그렇지만 그들은 협회의 공격을 직접 받는 당사자가 아니라서 그런 공격을 심각하게 여기지 않을 수도 있다.

그런데 왜 일부 사람들은 아인슈타인이 유대 인이라는 사실이 그렇게 못마땅했을까? 애석하게도 유대 인은 수백 년 전부터 유럽에서 미움을 받아 왔다(아인슈타인이 태어났을 때만 해도 유대 인은 가질 수 있는 직업이 제한돼 있었다. 그래서 아무리 똑똑해도 과학자가 되기 어려웠다). 유대 인은 다른 민족과는 아주 색다른 관습이 많았는데, 일부 사람들에게는 단지 다르다는 것 하나만 해도 그들을 미워할 이유로 충분했다. 1930년대 초에 독일 국민 사이에 이런 정서가 급속히 확산되었는데, 특히 국가사회주의독일노동당, 즉 나치가 그런 감정을 부추겼다. 그러나 똑똑하고 대중의 인기를 한 몸에 받고 있는 아인슈타인이 유대 인이라는 사실은 유대 인이 나쁜 민족이라는 나치의 선전과 들어맞지 않았다. 그래서 그들은 아인슈타인을 깎아 내려야 할 필요가 있었다.

아인슈타인이 자신이 유대 인이라는 사실을 의식하고 관심을 갖기 시작한 것은 바로 그때부터였다. 제1차 세계 대전이 끝난 뒤에 러시아와 폴란드에서 오랫동안 박해를 받고 살던 유대 인이 독일로 이주해 와 베를린 외곽에 자리를 잡고 살기 시작했는데, 이것은 아인슈타인이 유대 인 문제에 관심을 가지게 된 하나의 계기가 되었다. 그들은 모두 아주 가난했는데, 일부 사람들(그 중에는 인도 일부 섞여 있었다)은 새로 온 이들 이주민을 쫓아내려고 했다. 아인슈타인은 신문에 쓴 글에서 그들이 정착해서 살아갈 수 있도록 허락해야 한다고 주장했다.

아인슈타인은 그 명성 때문에 유대 인에게 큰 도움이 되었다. 세계 시온주의자 기구는 아인슈타인에게 미국으로 와 기금을 모금하고, 유대 인 문제를 널리 알리는 활동을 해 달라고 초청했다. 유대 인은 로마 제국에 정복된 이래 2000년이 넘도록 나라가 없이 뿔뿔이 흩어져 살았는데, 세계 시온주의자 기구는 마침내 나라를 다시 세울 때가 되었다고 생각했다. 아인슈타인은 서로 다른 나라들이 생긴 것이 '인류의 재앙'이고, 그것이 전쟁을 낳는다고 보았기 때문에, 나라를 또 하나 만드는 것에는 별로 관심이 없었다. 그리고 '걸어 다니는 포스터' 역할을 하는 것도 마음에 들지 않았지만, 유대 인에게 도움이 되리라는 기대에서 초청을 받아들였다.

아인슈타인은 심지어 전쟁 직후라 독일인에 대한 감정이 좋지 않던 영국과 프랑스도 방문했다. 그렇지만 그는 세계 최고

의 과학자일 뿐만 아니라 아주 매력적이어서 가는 곳마다 많은 친구를 사귈 수 있었다. 적이 많다는 사실에도 크게 염려하지 않았다. 적어도 독일의 외무부 장관 발터 라테나우가 살해당하기 전까지는 말이다.

라테나우는 아인슈타인의 친구였는데, 아인슈타인은 그에게 외무부 장관을 맡는 것은 위험하다고 충고하기까지 했다. 라테나우가 암살당한 것에는 여러 가지 이유가 있지만, 유명한 유대 인이라는 것도 한 가지 이유였다. 그다음 차례는 아인슈타인이 아닐까? 아인슈타인은 그럴지도 모른다고 생각했다. 그래서 대중 앞에 나서는 행사를 모두 취소하고, 한동안 베를린을 떠나 피신했다. 엘자는 아인슈타인 몰래 그를 보호해 달라고 경찰에 요청했다. 그래서 아인슈타인이 어디를 가든 간에 항상 비밀 요원들이 그 뒤를 따라다녔다(만약 아인슈타인이 몰래 추적하는 사람들이 있다는 것을 눈치 챘더라면 더 불안에 떨었을 것이다).

아인슈타인은 곧 평정심을 되찾고 베를린으로 돌아왔지만, 모임에 나가는 것은 피했다. 그런 모임 중에는 아인슈타인에

대해 온갖 비난을 늘어놓는 곳도 있었다. 예컨대 아인슈타인이 개인적 주장을 펼치기 위한 목적으로 과학 문제를 이용했다는 비난도 있었다(정작 그런 행동은 반상대성 이론 주식회사가 늘 저지르던 짓이었지만!). 그것은 아돌프 히틀러가 늘 말하던 것이기도 했다. 그는 유대 인은 "우리 민족의 영혼을 의도적이고 체계적으로 중독시켜…… 우리 민족의 내부 붕괴를 촉발하려고" 과학을 이용한다고 주장했다. 이것은 아인슈타인조차 이해할 수 없는 이론이었다.

 아인슈타인이 외국으로 나가는 게 안전하겠다고 생각했을 때 또다시 암살 계획을 듣고는 황급히 몸을 숨겼다. 그는 날마다 불안과 초조에 시달리는 그런 생활이 점점 지겨워졌다. 아인슈타인은 미국으로 가고 싶어 했는데, 그것은 단지 안전상의 이유 때문만은 아니었다. 미국에서는 거대한 망원경으로 우주의 구조를 조사하는 등 흥미로운 연구가 일어나고 있었다. 우주의 구조에 관한 이론이라면 아인슈타인이 이미 오래 전에 만든 것이 있었지만, 다른 연구와 마찬가지로 그의 이론을 검증할 만큼 아직 기술이 충분히 발전하지 못한 상태였다. 그렇다면 다시 1917년으로 돌아가 그가 발견한 것이 어떤 것인지 살펴보기로 하자.

# 아인슈타인의 팽창 우주

　우주론은 우주 전체를 연구하는 과학 분야를 말한다. 그런데 아인슈타인이 등장하기 이전의 우주론은 제대로 된 과학이라고 말하기 어려웠다. 철학자들은 우주에 대해 다양한 생각을 갖고 있었지만, 제대로 검증할 수 있거나 어떤 것을 예측할 수 있는 이론은 없었다. 아인슈타인 이전의 과학자들은 우주론에 그다지 큰 관심을 보이지 않았다. 우주처럼 광대한 것을 누가 어떻게 설명할 수 있단 말인가? 뉴턴은 거기에 도전했지만, 그의 이론(무한한 시간과 공간에 끝없이 별들이 펼쳐져 있는 우주)은 몇 가지 문제가 있다는 게 드러났다.

　그 당시에는 우주가 영원히 존재해 온 게 아니라고 주장할 만한 과학적 이유가 없었다. 그렇다면 우주의 구조를 설명할 수 있는 방법은 두 가지밖에 없었다.

**1.** 별들은 모든 방향으로 무한히 뻗어 있다.

그러나 이 가설의 문제점은 별들이 무한히 많이 존재한다면, 온 사방에 무한한 중력이 작용해야 한다는 데 있다. 실제로는 그렇지 않으므로 이 가설은 틀린 것이다.

**2.** 공간은 모든 방향으로 무한히 뻗어 있지만, 별들은 아주 드문드문 흩어져 있다. 아인슈타인은 이것을 이렇게 표현했다. "별들이 존재하는 영역의 우주는 무한한 공간의 바다 위에 떠 있는 유한한 섬이다."

그러나 아인슈타인은 2번도 마음에 들지 않았다. 아주 오랜 시간이 지나면 별들도 서로 멀어져 갈 것이다. 별들이 존재하는 우주는 영원히 방황할 것이기 때문에, 지금쯤은 별들이 모두 다른 곳으로 흘러가고 우리 눈에 보이는 별이 거의 없어야 할 것이다.

그때 아인슈타인의 머릿속에 놀라운 생각이 떠올랐다. 물질(예컨대 별과 같은)이 공간을 구부러뜨린다는 사실은 이미 알고 있었다. 만약 수억 개의 별들이 있다면 어떤 일이 일어날까? 공간은 점점 더 구부러지고 구부러지고 구부러지다가…… 결국 스스로 닫히고 말 것이다. 이것은 우주를 영원히 여행하더라도 우주의 가장자리(경계선)에 도달할 수 없지만, 결국에는 더 이상 새로운 것이 보이지 않고, 우주를 일직선으로 달린 빛은 결국 출발점으로 되돌아온다는 것을 뜻한다. 따라서 망원경으로 우주의 끝을 본다면, 여러분의 뒤통수가 보일 것이다(만약 여러분 머리에 아주 거대하고 밝은 전구를 붙여 놓는다면).

아인슈타인은 일반 상대성 이론을 이용해 전체 우주의 모습을 나타내는 방정식을 만들었다.

그런데 거기에 작은 문제가 하나 있었으니……

우주 상수는 원래 필요 없는 것이었는데, 방정식의 답을 자신이 원하는 우주의 모습과 일치하도록 만들기 위해 아인슈타인이 일부러 집어넣은 것이었다.

별들은 중력 때문에 서로를 끌어당긴다. 자, 여러분이 고무줄처럼 탄력이 좋은 넥타이를 매고 있고, 넥타이 끝에 파이가 매달려 있다고 상상해 보라. 이제 파이를 붙잡고 넥타이 끝을 여러분의 몸에서 멀어지도록 잡아당겨 보라. 넥타이가 늘어날수록 넥타이의 탄력이 파이를 도로 끌어당긴다. 그렇지만 여러분의 팔이 파이가 돌아오지 못하게 막고 있다.

아인슈타인의 이론에서 파이와 여러분의 얼굴은 별들에 해당하고, 넥타이의 탄력은 중력에 해당한다. 그리고 우주 상수는 여러분의 팔이다. 만약 우주 상수가 없다면 우주는 어떻게 되겠는가? 궁금하면 파이를 붙잡은 손을 탁 놓아 보라!

따라서 아인슈타인이 집어넣은 우주 상수는 우주가 붕괴하는 걸 막아 주는 일을 한다.

그러나 그것은 다소 불만족스러운 임시방편이었는데, 그것 말고는 그 상수가 거기에 있어야 할 이유가 전혀 없었기 때문이다. 그것이 없었더라면 방정식은 훨씬 간단해졌을 것이다. 그리고 아인슈타인이 숭배하는 신은 바로 단순성이 아니었던가? 그런데도 아인슈타인은 방정식에서 우주 상수를 없앨 생각을 하지 못했고, 우주 상수는 그렇게 12년 동안이나 방정식에 포함돼 있었다.

### 후퇴하는 은하

그러다가 1929년에 에드윈 허블이라는 미국 천문학자가 놀라운 사실을 발견했다. 허블은 오래 전부터 멀리 있는 은하들을 관측해 오고 있었다. 은하들의 움직임을 관측하던 그는 이상한 것을 발견했는데, 모든 은하들이 우리에게서 멀어져 가는 것처럼 보였다!

아인슈타인의 원래 방정식은 우주가 팽창하거나 수축한다는 것을 의미했지만, 그 무렵에는 우주가 팽창한다는 증거가 전혀 없었기 때문에 아인슈타인은 우주가 정적인 상태에 있다고 가정하고서 우주 상수를 집어넣었다. 그런데 허블이 우주가 팽창하고 있다는 사실을 발견한 것이다!

이번에도 우주는 탄성이 좋은 넥타이 끝에 붙어 있는 파이와 비슷하다. 그 파이가 여러분의 얼굴로 돌아오지 않게 하려면 어떻게 해야 할까? 그걸 멀리 던지면 된다. 물론 좀 있다가 파이는 얼굴로 돌아오겠지만, 그래도 그 동안에는 귀찮게 파이를 붙잡고 있지 않아도 된다.

얼마 전까지만 해도 우리가 살고 있는 우주도 대략 이것과 비슷한 것으로 생각했다. 즉, 우주는 팽창하고 있지만, 언젠가는 중력이 승리를 거두어 우주가 다시 수축할 것이라고 보았다. 그런데 지금 우주는 처음에 아주 강한 힘으로 내던져져 다시는 수축하지 않을 것처럼 보인다. 마치 파이를 아주 세게 던

져 넥타이가 끊어진 것처럼.

이렇게 되자 우주 상수는 아무 필요 없는 것이 되고 말았다. 그런데 최근에 과학자들은 은하들이 마치 우주 상수와 같은 힘

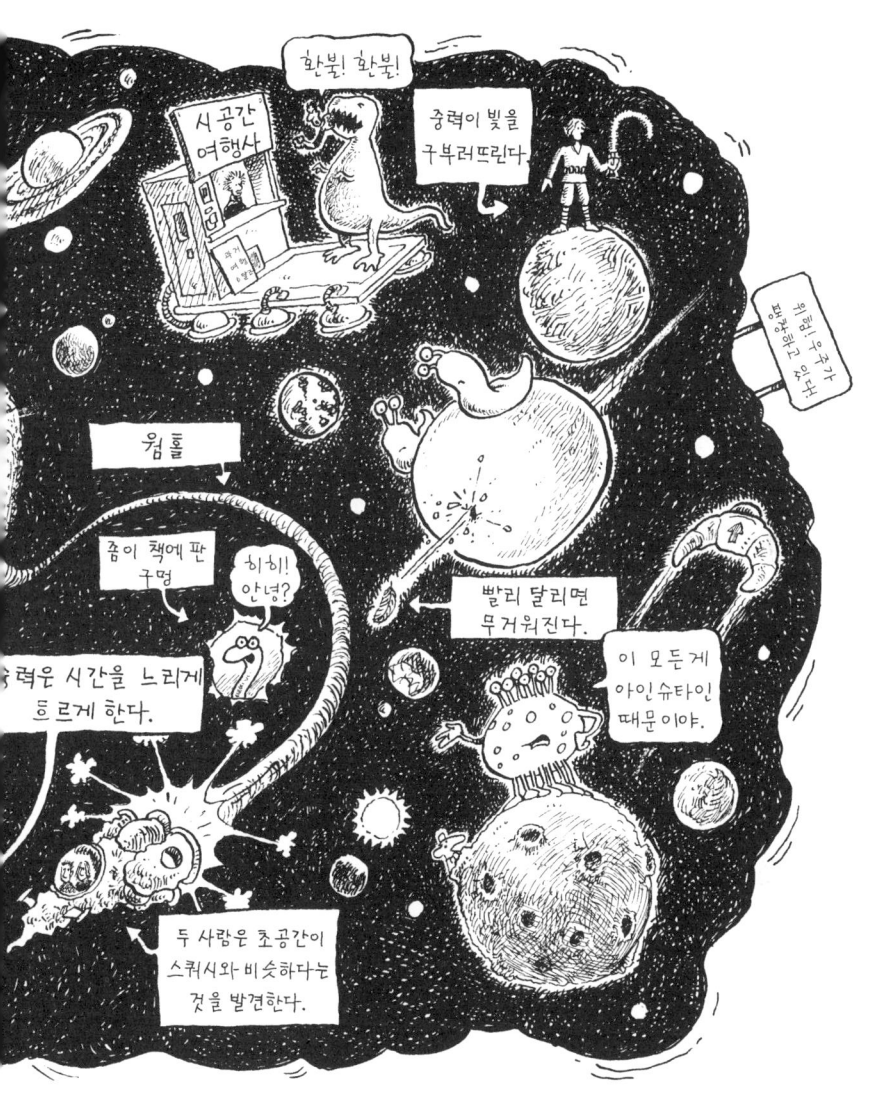

이 작용하는 것처럼 움직인다는 증거를 발견했다. 그렇다면 죽었던 우주 상수가 다시 살아나는 것일까?

어쨌든 아인슈타인 이후 우주론은 많은 발전을 거듭해 왔지만, 여전히 아인슈타인의 연구가 그 핵심을 이루고 있다. 엘자는 캘리포니아 주에서 대형 망원경을 구경하다가 그것이 우주의 모습을 알아내는 데 사용된다는 설명을 듣고서 이렇게 말했다고 한다.

## 아인슈타인의 놀라운 이론: 우주

아인슈타인은 일반 상대성 이론을 사용해 전체 우주의 모습을 알아내려고 했다. 그런데 방정식에 포함된 무한대가 골칫거리였다. 천재였던 아인슈타인은 우주가 '닫혀' 있다는 기발한 개념으로 무한대를 싹 처리했다. 닫힌 우주에서는 영원히 여행하더라도 가장자리(경계선)에 도착할 수 없지만, 결국은 더 이상 새로운 장소를 발견하지 못하게 된다(지구에서 아무리 멀리 여행을 가더라도 지구의 가장자리 밖으로 나가는 일은 없지만, 많이 다니다 보면 더 이상 새로운 장소가 없는 것처럼).

아인슈타인은 물질이 공간을 구부러뜨린다는 개념을 사용해 전체 우주를 나타내는 방정식을 만들었다. 그런데 한 가지 문제가 있었다. 별들 사이에는 서로 끌어당기는 중력이 작용하는데, 그렇다면 별들이 서로를 향해 다가가게 되고, 결국 우주 전체가 붕괴하고 말 것이다. 그래서 아인슈타인은 별들을 서로 멀어지게 하는 신비의 힘이 있어 그러한 붕괴를 막아 준다고 가정했다. 그리고 그 신비의 힘을 나타내기 위해 방정식에 우주 상수를 집어넣었다.

그러나 에드윈 허블이 우주가 팽창한다는 사실을 발견하자, 신비의 힘은 필요 없는 것이 되고 말았다.

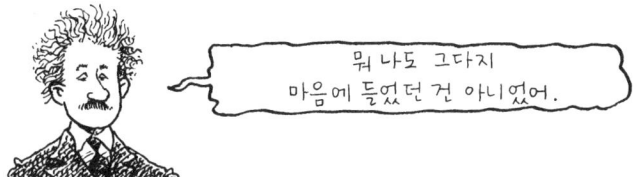

그런데 지금 죽은 것으로 여겼던 우주 상수가 부활할 조짐이 보인다!

# 아인슈타인과 나치

　1930년, 나치가 총선에서 국민의 지지를 어느 정도 얻고 권력을 휘두르게 되자, 노골적으로 유대 인을 탄압하기 시작했다. 이때만 해도 아인슈타인을 비롯해 대부분의 유대 인은 이를 그다지 대수롭지 않게 여겼다. 그렇지만 그 해에 아인슈타인이 미국으로 간 것은 다행이었다.

　아인슈타인이 두 번째로 미국을 방문했을 때 사람들은 저번보다 훨씬 열렬하게 그를 환영했다. 수많은 사람들이 사진과 인터뷰와 사인을 부탁했다. 아인슈타인도 그런 것을 좋아했는데, 그것은 여러 가지로 도움이 되었다. 엘자는 인터뷰나 사진

을 찍는 기자들에게 일정액의 돈을 내게 했는데, 이렇게 모은 돈은 베를린의 가난한 사람들과 전 세계 각지에서 군 복무를 거부하는 사람들을 돕는 데 쓰였다. 아인슈타인은 또 자신의 명성을 이용해 사람들에게 평화주의에 대한 자신의 신념을 널리 알렸다. 그는 전체 국민 중 2퍼센트만 군 복무를 거부한다면, 각국 정부는 전쟁을 할 수 없을 것이라고 말했다. 이것은 사실이건 아니건 아주 그럴듯한 이야기로 들렸고, 미국의 많은 젊은이는 '2퍼센트'라는 배지를 만들어 달고 다녔다.

독일로 돌아온 아인슈타인은 평화를 위한 투쟁을 계속하면서 사람들에게 군 복무를 거부하라고 말했다. 그렇지만 나치의 권력이 점점 강해지면서 상황은 점점 위험하게 변해 가고 있었다. 나치가 미워한 것은 유대 인뿐만이 아니었다. 그들은 집시와 동성애자, 정신이나 신체에 장애가 있는 사람, 그리고 아인슈타인처럼 똑똑한 사람도 싫어했다. 엘자는 상황이 안 좋으니 납작 엎드려 지내라고 충고했지만, 아인슈타인은 "만약 그렇게 한다면, 나는 아인슈타인이 아니다."라고 대답하고 오히려  더 적극적으로 정치적 활동을 펼쳤다.

얼마 후 아인슈타인은 다시 미국으로 건너갔다. 거기서 머무는 동안 에이브러햄 플렉스너라는 큰 부자를 만났다. 플렉스너는 500만 달러라는 거액을 들여 연구소를 세울 계획을 갖고 있었고, 아인슈타인이 거기서 일해 주길 원했다. 아인슈타인은 이 근사한 제안에 마음이 흔들렸다. 더구나 독일에서 유대 인인 자신을 공격하고 비난하는 강도가 점점 거세지고 있었다. 아인슈타인은 1933년에 독일로 돌아가던 도중에 좋지 않은 소식을 듣고서 가지 않기로 결심했다. 그래서 독일 여권을 돌려주고, 프로이센 과학 아카데미에 사직서를 보냈다. 그리고 사람들에게 나치를 조심하라고 경고했다.

나치는 아인슈타인이 그들을 싫어하는 만큼이나 아인슈타인을 싫어했다. 그래서 프로이센 과학 아카데미에 아인슈타인을 내쫓으라고 지시했는데, 아인슈타인이 선수를 쳐 이미 사임했다는 이야기를 듣고는 분노했다. 나치는 대신에 프로이센 과학 아카데미에 아인슈타인을 비난하는 성명을 발표하라고 지시했다. 나치는 베를린에 있던 아인슈타인의 모든 은행 계좌를 압수하고, 그의 아파트를 약탈했으며, 심지어 그의 책도 불태웠다.

프로이센 과학 아카데미의 사무총장은 지시받은 대로 아인슈타인이 나치가 잔인하다고 말했다는 성명을 발표했다. 이에 아인슈타인은 아카데미 회원이던 막스 플랑크에게 항의를 했

더니, 플랑크는 나치의 공포 전술에도 반대하지만, 아인슈타인의 평화주의도 나쁘다고 생각한다고 말했다. 반면에 플랑크는 아카데미에 제출한 보고서에서 아인슈타인은 뉴턴만큼 위대한 과학자라고 말했다. 플랑크와 아인슈타인은 계속 친구 사이로 지냈다.

아인슈타인은 독일로 가던 발걸음을 돌려 벨기에에서 잠깐 머물렀다. 아인슈타인은 1929년에 솔베이 회의에 참석하려고 벨기에에 갔을 때 벨기에 왕비와 친해졌다. 아인슈타인은 벨기에 왕과 왕비와 함께 잡담도 나누고, 현악 3중주를 연주하고(왕비가 두 번째 바이올린 주자를 맡았다), 달걀 프라이를 차에 곁들여 먹기도 했다. 아인슈타인은 그들을 지칭할 때에는 항상 '왕족'이라고 불렀다.

벨기에에서 지내던 1933년 어느 날…….

 은밀한 자리에서 왕은 심각한 이야기를 털어놓았다. 일부 벨기에 국민이 아인슈타인의 주장대로 군 복무를 거부해 감옥에 갇혔는데, 그들은 아인슈타인이 변호를 해 주길 원한다는 것이었다. 왕은 아인슈타인이 그 부탁을 들어줄까 봐 염려했다. '2퍼센트' 연설을 한 지 3년이 채 지나지 않은 때였는데, 여기서 아인슈타인이 나서면 사태가 더 심각해질 것 같았다. 그래서 왕은 아인슈타인에게 그들을 돕지 말라고 부탁했다.
 아인슈타인은 친구가 부탁해서 그 말을 들어준 것은 아니었다. 그는 아무리 친한 친구라고 해도 개인보다는 전체 국민을 더 중요하게 여겼기 때문이다. 그러나 나치가 권력을 잡고 위협적인 존재로 떠오르자, 폭력은 문제를 근본적으로 해결하는 방법이 될 수 없으니 무조건 거부해야 한다는 생각을 바꾸게 되었다. 때로는 뾰족한 대안이 없을 때도 있으며, 지금이 바로 그런 때라고 인정하지 않을 수 없었다.
 그래서 아인슈타인은 왕이 부탁한 대로 군 복무를 거부하다가 갇힌 사람들을 위해 나서지 않았다. 비록 아인슈타인은 평생 동안 세계 평화를 위해 열심히 투쟁했지만, 그 무렵에는 아무런 힘도 없이 세계 평화를 이루는 것이 과연 가능한지 의심이 들었다.

## 비밀 요원과 음모

그 무렵 아인슈타인의 주변 상황은 아주 급박하게 돌아가고 있었다. 한가하게 시간과 공간의 수수께끼를 풀고 앉아 있을 수가 없을 정도로! 벨기에는 독일과 국경이 붙어 있어 나치가 쉽게 공작을 펼칠 수 있었고, 마음만 먹으면 얼마든지 아인슈타인을 암살할 수 있었다. 벨기에 정부는 아인슈타인을 보호하려고 경찰관 두 명을 붙여 주었다. 두 경찰관은 아인슈타인이 머무는 마을 사람들에게 그를 보지도 듣지도 못한 것처럼 행동하라고 일러두었다. 그렇지만 이 방법은 별로 효과가 없었다. 아인슈타인을 만나러 온 사람은 누구나 그가 있는 곳을 쉽게 찾아낼 수 있었다. 아인슈타인의 집에 가까이 다가가면 잠복하고 있던 경찰이 나타나 그들을 붙잡고 심문했다. 가끔 엘자가 집 밖으로 나와 곤란한 처지에 빠진 손님들을 구출해 주곤 했다.

나치가 비밀 요원을 보내 아인슈타인을 함정에 빠뜨리려고 했다는 이야기도 있다. 비밀 요원들은 나치에 반대하는 사람들인 것처럼 가장해 아인슈타인에게 무기를 밀반입하는 일을 도와 달라고 요청했다. 그렇게만 한다면 아인슈타인이 비애국적인 독일인이라는 사실을 만천하에 폭로하려고 한 것이다(그렇지만 그들은 아인슈타인이 더 이상 독일인이 아니라는 사실을 깜빡 잊고 있었다).

아인슈타인은 과학에 대해 깊이 생각하다 가 보면 가끔씩 멍해질 때가 있었다. 한번은 중요한 회의에 참석하려고 나섰다가 생각에 잠긴 나머지 용무를 까먹고는 엘자에게 전화를 걸어 지금 자기가 있는 곳이 어디이고, 가려고 했던 곳이 어디인지 물은 적도 있었다. 그렇지만 나치의 비밀 요원들이 접근해 왔을 때에는 정신을 똑바로 차려 그들의 계략에 넘어가지 않았다.

아인슈타인은 이 모든 일에 진절머리가 나 미국으로 돌아가기로 했다. 그전에 영국에서 한 달 동안 머물렀는데, 한번은 1만여 명의 청중 앞에서 강연을 했다. 그 중에는 많은 과학자와 정치인, 1000명 이상의 학생, 많은 경찰이 포함돼 있었다. 아인슈타인은 그들에게 나치가 얼마나 위험한지 이야기했다. 그리고 똑똑한 학생들을 물리학에 집중할 수 있도록 등대에 집어넣어 연구를 하게 하라고 제안했다.

그리고 나서 아인슈타인은 유럽을 영원히 떠나 미국의 프린스턴으로 갔다. 그곳에는 플렉스너가 전에 이야기했던 고등연구소가 설립돼 있었다. 고등연구소에는 아주 뛰어난 과학자들이 들어와 연구했다. 그곳의 한 강당벽에는 아인슈타인이 한 말이 새겨져 있다.

## 하느님은 오묘하지만, 악의적이지는 않다.

이것은 데이턴 밀러가 상대성 이론이 틀렸음을 증명했다고 생각했을 때, 아인슈타인이 밀러에게 한 말이다(141쪽 참고).

아인슈타인은 고등연구소와 프린스턴을 사랑했다. 그리고 마침내 연구를 하는 데 필요한 평화와 평온을 찾았다(아인슈타인은 얼마 지나지 않아 사람들의 지나친 관심을 피하려면, 사람들에게 다소 무례하게 대하기만 하면 된다는 사실을 터득했다). 그는 그곳에서 엘자와 비서 헬렌 듀카스, 개 치코, 고양이 타이거, 바이올린 리나와 함께 아주 행복하게 살았다.

그래도 한 가지 문제가 있었는데, 플렉스너는 아인슈타인이 과학 외에 다른 일을 하는 것을 원치 않았다. 특히 정치적 문제에 관여하는 것을 싫어했다. 그래서 그는 아인슈타인의 편지를 열어 보기 시작했고, 아인슈타인을 만나길 원하는 사람들에게 아인슈타인이 만나길 원치 않는다고 거짓으로 알렸다. 당연히 이것은 아인슈타인의 비위에 거슬리는 짓이었다. 플렉스너가 아인슈타인을 대신해 미국 대통령의 초대를 거절하자, 아인슈타인은 더 이상 참을 수가 없었다. 큰 소동을 피우면서 고등연구소를 떠나겠다고 협박했다. 그리고 대통령을 만나러 가 함께 식사를 하고 돌아왔다. 그 후로 플렉스너는 아인슈타인의 일에 일절 간섭하지 않았다.

그런데 그 무렵에 아인슈타인은 많은 사람들과 싸우고 있었다. 그것은 자신의 편지를 함부로 열어 보는 문제 때문만은 아니었다. 대부분은 아인슈타인이 도움을 준 혁명적인 이론을 둘러싼 싸움이었다. 그 이야기를 하려면 다시 1905년으로 돌아갈 필요가 있다.

## 빛은 입자?

1905년에 아인슈타인은 아주 놀랍고 혁명적인 이론을 발견했다고 생각했다. 그것은 정말로 획기적인 생각이어서 그 때문에 노벨상도 받게 되지만, 대부분의 과학자들이 그것을 받아들이는 데에는 약 20년이 걸렸다. 그런데 그 이론은 상대성 이론하고는 아무 관계가 없는 것이었다. 그것은 빛에 관한 이론이었다.

### 진상 조사 X-파일

**원자, 에너지, 빛, 복사**

원자는 한가운데에 있는 단단한 부분을 제외하고는 대부분 텅 비어 있다. 산소 원자의 크기가 지구만 하다면, 가운데에 있는 원자핵은 지름이 겨우 100m에 불과하다. 나머지 공간은 8개의 작은 전자를 제외하고는 텅 비어 있다. 원자에 빛을 쬐어 주면, 빛과 충돌한 전자는 에너지가 높아져 더 높은 위치로 점프를 하는데, 에너지가 아주 높아지면 원자 밖으로 튀어나갈 수도 있다.

에너지는 찬장 문을 열거나 성냥을 켜거나 라면을 끓이는 등 어떤 일을 하려면 꼭 필요한 것이다. 열, 소리, 운동 등은 모두 에너지의 일종이다.

복사도 에너지의 일종인데, 빛은 복사의 한 종류이다. 복사에는 빛 말고도 텔레비전을 볼 때 사용하는 전파, 우리에게 따뜻한 열을 느끼게 해 주는 적외선, 전자레인지에서 음식을 데워 주는 마이크로파, 피부를 그을리게 하는 자외선, 뼈 사진을 찍게 해 주는 엑스선, 치명적인 감마선 등 여러 가지가 있다.

수백 년 전에 뉴턴은 빛이 작은 입자로 이루어져 있다고 주장했다. 그러나 대부분의 과학자들은 이 점에서만큼은 뉴턴이 틀렸으며, 빛은 파동이라고 결론 내렸다.

빛의 파동설은 빛의 행동을 대부분 잘 설명했다. 그렇지만 두 가지 문제점이 있었다.

먼저, 빛을 파동으로 보는 데에는 기본적인 문제점이 한 가지 있었다. 음파는 공기를 통해 나아가며, 공기가 없으면 소리를 들을 수가 없다. 아, 물론 공기가 없으면 여러분은 이미 죽어 있을 테니 소리를 들을 수 없겠지만, 어쨌든 음파를 전달해 주는 공기가 없으면 소리 자체가 전해질 수 없다. 바다가 없다면 파도가 생길 수 없는 것과 같은 이치이다. 그리고 파동은 기본적으로 진동인데, 그 진동이 생겨날 수 있는 곳(매질)이 없다면 진동 자체가 생겨날 수 없다. 공기도 없이 음파를 만들어 내려고 하는 것보다는 뱀에게 저글링을 가르치는 게 나을 것이다.

따라서 만약 빛이 파동이라면, 그 파동을 전달하는 매질은 무엇인가? 공기는 그 매질이 될 수 없다. 빛은 공기를 완전히 빼낸 유리병 속도 지나간다는 것이 밝혀졌고, 별들과 지구 사이에는 공기가 거의 없는데도 별들에서 날아오는 빛을 잘 볼 수 있지 않은가?

과학자들은 빛이 통과하는 어떤 매질이 분명히 있을 거라고 가정하고, 그것을 '에테르'라고 이름 붙였다. 그리고 그것을 찾으려고 노력했지만, 찾아내진 못했다. 그렇지만 과학자들은 여러 가지 사실을 바탕으로 에테르의 성질을 추측했다. 에테르는 눈에 보이지도 않고, 무게도 없으며, 그 속에서 공기가 전파되지 못한다고 알려졌다. 그것은 또 냄새도 없고, 맛도 없다. 모든 별과 행성은 마치 에테르가 존재하지도 않는 것처럼 그 속에서 움직인다. 에테르는 물체들의 움직임을 전혀 방해하지 않는 것처럼 보였다. 그렇다면 도대체 과학자들이 에테르에 대해 알고 있는 것은 무엇이란 말인가? 수백 년이 지난 뒤에 과학자들은 다음과 같은 것을 알아냈다.

> 에테르의 성질에 대해 밝혀진,
> 과학적이고 공식적이고 완전하고 자세한 모든 사실
>
> 1. 에테르는 빛을 전달하는 매질이다.
> 2. 음, 그러니까…
> 3. 이게 전부다.

　빛을 파동으로 보는 견해의 두 번째 문제점은 광전 효과였다. 광전 효과는 기본적으로 아주 간단한 것이다. 주석 같은 일부 물질 표면에 빛을 쬐어 주면, 표면의 전자 중 일부가 빛 에너지를 얻어 밖으로 튀어나오는 현상을 광전 효과라 부른다. 주석 원자의 전자들은 원자에 느슨하게 붙들려 있기 때문에, 약간의 에너지만 얻어도 밖으로 튀어나온다. 그런 에너지는 빛에서도 충분히 얻을 수 있다. 그런데 흥미로운 것은 어떤 종류의 빛이나 다 이런 묘기를 부리는 게 아니라는 사실이다. 티탄이나 우라늄 같은 물질의 경우, 파란색 빛은 광전 효과를 일으키지만, 빨간색 빛은 아무런 효과도 일으키지 않는다. 이것은 정말로 기묘한 현상이었다. 그것은 마치 파란색 빛은 빨간색 빛보다 더 무겁다는 이야기와 같았다.

　파란색 빛과 빨간색 빛의 차이점은 무엇일까? 파란색 빛은 빨간색 빛보다 파장이 짧다는 것뿐이다. 그런데 파동은 파장이 짧을수록 에너지가 더 강하다. 욕조에 손을 담그고 천천히 까닥이면 파장이 긴(빨간색 빛처럼) 잔물결이 일어난다. 그러다가 손을 더 빨리 흔들면 파장이 짧은(파란색 빛처럼) 잔물결이 일어난다. 손을 빨리 흔들려면 더 많은 노력, 즉 에너지가 필요하기 때문에, 파장이 짧다는 것은 그만큼 에너지가 더 높다는 뜻이다. 따라서 파란색 빛은 에너지가 더 강해 금속 표면에서 전자를 쉽게 튀어나오게 할 수 있다고 설명할 수 있다.

그런데 이 설명은 과연 타당한 것일까? 만약 욕조에 물이 가득 차 있다면, 그리고 이 상태에서 물이 욕조를 탈출할 만큼 충분한 에너지를 물에 전달하려 한다고 하자. 손을 빨리 흔들면 잔물결이 많이 일어나면서 욕조에서 물이 넘칠 것이다. 그렇지만 손을 천천히 흔들어도 비록 시간은 좀 더 오래 걸리겠지만 역시 욕조에서 물이 넘칠 것이다. 따라서 빨간색 빛을 쬐어 주면 시간이 좀 오래 걸리더라도 결국엔 전자들이 튀어나와야 하지만, 실제로는 이런 일이 일어나지 않는다. 티탄 표면에 대고 빨간색 빛을 영원히 비춰주더라도, 전자는 결코 튀어나오지 않는다.

그런데 아인슈타인은 명석한 머리로 광전 효과에 대해 생각하자마자 그것은 움직이는 물체가 수축하는 현상과 비슷하다는 것을 알아챘다. 상식보다 더 간단한 방식으로 우주를 바라보자, 그 효과는 아주 자연스럽고 명백한 것으로 보였다.

**흑체는 무슨 색인가?**

이미 절반의 답은 나와 있었는데, 그것은 아인슈타인의 친구인 막스 플랑크가 발견한 것이었다. 플랑크는 '흑체 문제'를 연구하고 있었는데, 그 당시 그 문제는 물리학의 골칫거리 중 하나였다. 흑체(黑體)는 무슨 색깔일까? 그야 당연히 검은색이 아니냐고? 아니다, 흑체는 빨간색도 노란색도 주황색도 심지어 흰색도 될 수 있다. 물리학에서 흑체는 모든 색의 빛을 흡수하는 물체를 말한다. 그렇지만 그와 함께 일부 에너지를 복사의 형태로 방출하므로, 완전히 검다고 말할 수 없다. 흑체에서 나오는 복사는 온도에 따라 달라진다. 차가운 흑체는 정말로 검은색이지만, 뜨거운 흑체는 빨간색 빛을 많이 방출하고 다른 색의 빛은 별로 방출하지 않기 때문에 빨간색으로 보인다. 흑체가 더 뜨거워지면 주황색과 노란색 빛을 방출하며, 아주 뜨거워지면 모든 색의 빛을 충분히 많이 방출하기 때문에 흰색으로 보인다.

우주에는 태양과 별들을 비롯해 흑체가 아주 많다. 그런데 흑체에서 각 색깔의 빛이 얼마나 많이 나오는지 알려 주는 근사한 방정식이 있다. 각 빛이 나오는 양은 온도에 따라 달라진다. 이 방정식은 아주 편리해 별의 온도를 알아내는 데에도 쓸 수 있다. 그런데 이 방정식은 왜 성립하는 것일까? 많은 과학자들이 그것을 설명하려고 도전했지만, 모두 쓰라린 실패만 맛보았다. 어떤 사람들이 만든 방정식들은 흑체에서 치명적인 광선이 나올 것이라고 예측했지만, 실제로 그런 일은 일어나지 않았다.

그때 플랑크가 기발한 생각을 했다. 흑체에서 나오는 복사가 흑체 속에서 진동하는 작은 입자(진동자)들에서 나온다고 생각한 것이다. 그 입자들은 진동할 수 있는 속도들이 정해져 있으며, 그 밖의 속도로는 진동할 수 없다고 가정해 보았다. 플랑크는 그렇게 진동하는 입자가 실제로 있다고는 생각하지 않았지만(그는 그것을 조화 진동자 또는 공명자라고 불렀다), 그런 게 있다고 가정했더니 실제 관측 결과와 딱 맞아 떨어지는 방정식을 얻을 수 있었다. 그런데 그런 입자가 에너지를 얻거나 잃을 때에는 최소 에너지 단위의 배수에 해당하는 에너지만 얻거나 잃을 수 있다. 플랑크는 그 최소 에너지 단위를 양자(量子, quantum)라 불렀다.

그것은 놀라운 결과였지만, 상식에서 크게 벗어나는 것이기도 했다. 양자 개념에 따르면, 흑체에서 나오는 복사 에너지는 연속적으로 모든 값이 존재할 수 있는 게 아니라, 덩어리 단위로 띄엄띄엄 존재하며, 그 사이의 값들은 존재할 수 없다는 이야기가 되기 때문이다. 플랑크 자신도 이 개념이 마음이 들지 않아 그것이 잘못된 것임을 증명하려고 오랫동안 노력했지만, 그는 물론이고 어느 누구도 그 개념을 쓰지 않고는 흑체 복사 현상을 제대로 설명할 수 없었다. 플랑크는 자신이 나중에 양자론이라고 불리게 될 새로운 과학 분야를 탄생시켰다는 사실도 까마득히 모르고 있었다.

다른 과학자들도 그 개념을 몹시 불편하게 여겼다. 바로 이런 상황에서 아인슈타인이 등장했다.

> ### 아인슈타인의 사라진 공책
>
> 난 이 개념이 참 마음에 든다. 나는 그 진동하는 입자라는 게 실제로 존재한다고 믿는다. 만약에 빛 자체가 그걸로 이루어져 있다면 어떨까?

아인슈타인이 생각한 진동하는 에너지 입자는 결국 광자(혹은 광양자)라고 부르게 되었다. 우리가 빛의 파장이라고 부르는 것은 광자의 진동 형태를 나타내는 측정 단위인데, 그것은 곧 광자의 에너지를 나타내는 것이기도 하다. 빨간색 빛은 천천히 진동하는 낮은 에너지 광자들로 이루어져 있는 반면, 파란색 빛은 빨리 진동하는 높은 에너지 광자들로 이루어져 있다. 광자는 아주 작은데, 먼 별 하나에서 날아오는 광자들이 매초 여러분의 눈에 충돌하는 것만 해도 수백 개나 된다.

아인슈타인이 생각한 개념은 아주 편리했다.

> ### 아인슈타인의 사라진 공책
>
> 작용 원리: 광전 효과
>
> 일부 물질에서 파란색 빛은 광자를 튀어나오게 하는 반면, 빨간색 빛은 그러지 못하는 이유는 무엇일까?

그것은 빨간색 빛은 에너지가 낮은 광자로 이루어져 있기 때문이다. 그래서 광자가 물질 표면에 충돌해 그 전자에 에너지를 전달해 주더라도, 그 전자는 표면에서 탈출할 만큼 충분한 에너지를 얻지 못한다. 그러나 파란색 빛은 에너지가 높은 입자로 이루어져 있기 때문에 전자에 충분히 많은 에너지를 전달해 줄 수 있다.

그것은 구덩이에 빠진 공을 차서 밖으로 나가게 하는 것과 비슷하다. 약하게 아무리 여러 번 걷어차더라도 공은 조금만 튀어오를 뿐, 구덩이 밖으로 나가지 못한다. 그렇지만 아주 강하게 한 번만 뻥 차면, 공은 쉽게 구덩이 밖으로 나간다.

빛이 광자로 이루어져 있다는 이 개념은 텔레비전의 발명을 낳았다. 작은 총으로 텔레비전 화면에 묻어 있는 특별한 물질을 향해 전자들을 발사하면, 화면에서 광자들이 튀어나온다. 그리고 이 광자들이 서로 어울려 멋진 그림들을 만들어 낸다.

빛이 입자로 이루어져 있다면, 더 이상 에테르의 존재를 믿어야 할 이유가 없었다. 빛이 파동이 아니라면, 매질이 없어도 나아갈 수 있기 때문이다.

뉴턴도 빛이 입자라고 생각했고 에테르가 없다고 생각했기 때문에 이 점에서는 아인슈타인과 생각이 같았다. 다만 한 가지 차이점이 있었는데, 아인슈타인은 그 입자가 어떤 면에서는 파동처럼 행동한다는 사실을 발견했다. 그것은 시간과 공간에 대해 알아낸 것과 비슷했다. 우리에게 익숙하지 않은 것들, 그러니까 아주아주 작은 것(전자처럼)과 아주아주 무거운 것(블랙홀처럼), 아주아주 빠른 것(뮤온처럼)에는 상식이 통하지 않는다.

그런데 파동으로만 여겼던 빛이 입자처럼 행동한다는 이 개념은 반대로 전자와 다른 입자들이 파동처럼 행동한다는 개념으로 이어졌다. 물질도 파동처럼 행동한다는 물질파(드 브로이 파라고도 한다) 개념은 루이 드 브로이라는 과학자가 발견했다.

아인슈타인은 새로운 '양자' 개념을 이용해 낮은 온도에서 다이아몬드가 나타내는 기묘한 성질 등 온갖 종류의 현상을 설명할 수 있었다. 한편, 닐스 보어라는 덴마크 과학자는 아인슈타인의 개념을 이용해 원자 바깥쪽, 그러니까 전자들이 씽씽 돌아다니는 영역에서 일어나는 일들을 설명하려고 시도했다.

밤거리를 밝히는 나트륨 등은 주황색으로 보인다. 만약 우리가 색을 정밀하게 구분해서 볼 수 있는 눈이 있다면, 이 주황색은 오렌지의 주황색(오렌지색)하고는 아주 다르게 보일 것이다. 오렌지의 주황색에는 노란색과 빨간색을 비롯해 주황색과 비슷한 온갖 색깔의 색소가 다 섞여 있지만, 뜨거운 나트륨 기체에서 나오는 빛은 서로 아주 비슷한 단 두 가지 색의 빛으로 이루어져 있다. 다른 뜨거운 기체들도 이것과 비슷하다. 파장이 일정한 특정 색의 빛만 방출한다. 보어는 왜 그런지 그 이유를 제대로 설명했다.

물체를 가열하면 그 물체에 많은 에너지가 전달된다. 그 에너지 중 일부를 전자들이 흡수한다. 에너지가 많아진 전자는 원자 중심에서 점점 바깥쪽으로 이동한다. 그런데 보통 원자 속에 들어 있는 전자들은 다른 곳으로 가지 않는다. 원자 중심에서 일정한 거리에 있는 위치들에만 존재할 수 있다. 양자론에 따르면, 전자들이 원자 속에서 존재할 수 있는 위치(이것을 에너지 준위라 부른다)들은 띄엄띄엄 떨어져 있으며, 그 사이의 위치에는 절대로 존재할 수 없다.

잠시 후, 전자들은 얻었던 에너지를 내놓으면서 다시 아래로 내려간다. 전자가 내놓는 에너지가 빛으로 나오는데, 전자 하나당 광자* 하나가 나온다. 나트륨 원자들은 모두 다 똑같기 때문에, 전자들이 높이 있던 위치나 낮아진 위치가 모두 똑같다. 그리고 방출된 광자들이 지닌 에너지도 모두 똑같다. 광자의 색은 그 에너지에 따라 결정되기 때문에, 뜨거운 나트륨 기체에서 나오는 빛의 색은 항상 똑같은 주황색이다.

아인슈타인은 여기서 놀라운 것을 발견했다. 만약 같은 종류의 원자들이 높은 에너지 준위에 전자를 하나씩 갖고 있다고 하면, 한 전자가 낮은 에너지 준위로 떨어지면서 광자를 방출할 때 나머지 모든 원자들에서도 전자들이 떨어지면서 광자

---

* 보어는 그 당시에는 광자에 대한 이야기는 전혀 하지 않았다. 대부분의 과학자와 마찬가지로 보어도 빛이 입자로 이루어져 있다는 개념을 싫어했고, 대신에 빛을 연속적인 파동으로 보는 쪽을 택했다.

를 방출할 것이다. 이렇게 나오는 광자들을 충분히 많이 모으면 같은 색의 강한 광선을 얻을 수 있다. 이것은 바로 레이저의 원리이다. 따라서 레이저의 개념도 아인슈타인이 발명했다고 말할 수 있는데, 실제로 레이저가 발명된 것은 1960년이 되어서였다.

> **요점 정리**
>
> ## 아인슈타인의 놀라운 이론: 광자
>
> 플랑크는 진동하는 입자들이 에너지를 덩어리(양자) 단위로 얻거나 잃을 수 있다는 개념을 사용해야만 물체가 뜨거워질 때 색이 왜 변하는지 설명할 수 있다는 사실을 발견했다. 그러고는 그런 것이 실제로 존재하지 않는다는 것을 증명하려고 몇 년을 보냈다. 그렇지만 아인슈타인은 빛이 실제로 그런 덩어리(광자)로 이루어져 있다고 생각했다.
> 아인슈타인과 그 밖의 과학자들은 빛과 전자와 그 밖의 입자들이 모두 때로는 입자처럼 때로는 파동처럼 행동한다는 사실을 발견했다.

아인슈타인은 자신의 이론이 마음에 들었지만, 꺼림칙한 점이 하나 있었다. 높은 에너지 상태의 원자에서 광자가 정확하게 언제 방출될지 예측할 수 없다는 점이 그것이었다. 아인슈타인이 표현한 것처럼 "거기에는 아무런 '원인'이 없는 것처럼 보였다." 그러나 우주를 일종의 신으로 본 아인슈타인의 관점에서는 세상에 원인이 없는 것이란 있을 수 없었다. 이 꺼림칙한 사실 때문에 나중에 아인슈타인은 깊은 고민에 빠지게 된다.

여기까지 연구한 뒤, 아인슈타인은 양자론을 전혀 기웃거리지 않았다. 그런데 나중에 다른 물리학자들이 양자론을 크게 발전시키자, 아인슈타인은 그 결과가 도저히 마음에 들지 않았다.

### 실제로 존재하지 않는 세계

아인슈타인이 우주를 아주 작은 규모에서 바라본 모습은 작은 물질 덩어리(원자)와 작은 빛 덩어리(광자)로 이루어져 있는 것이었다. 그것은 뉴턴이 바라본 모습과 크게 다르지 않았지만, 아인슈타인은 광자와 원자가 어떻게 작용하는지 수학으로 정확하게 설명했다. 아인슈타인에게 양자론이 의미하는 것은 그것이 다였다. 즉, 물질뿐만 아니라 빛도 덩어리 단위로 존재한다는 것이었다. 덩어리는 파동처럼 행동할 수 있지만, 그 밖의 신비스러운 것은 아무것도 없었다.

그러나 젊은 과학자들은 아인슈타인과 플랑크의 개념을 이용해 온갖 종류의 현상을 아주 잘 설명할 수 있는 이론을 만들어 냈는데, 그것은 아인슈타인이 생각했던 것을 크게 뛰어넘는 것이었다.

새로운 양자론이 주장한 것은 이것이었다.

불확정성 원리라 부르는 이 원리는 어떤 것이 정확하게 어느 순간에 어떤 위치에 있으며, 에너지를 얼마나 많이 지닌 채 얼마나 빨리 움직이고 있는지 알 수 없다는 것을 뜻했다. 우리가 일상생활에서 보는 큰 물체들의 경우에는 불확정성의 정도가 아주 미미해 별로 문제가 되지 않지만, 전자나 광자의 경우에는 그 정도가 아주 크게 나타나 기묘한 일들이 일어난다. 예를 들어 전자가 움직이는 경로를 매 나노초마다 정밀하게 알려고 한다고 하자. 그런데 불확정성 원리는 그것이 불가능하다고 말한다. 전자가 지나간 길을 정확하게 측정하는 것이 불가능하다는 것이다. 그것을 측정하려고 시도하면, 측정 장비가 전자에 영향을 미쳐 원래의 속도와 위치에 변화를 가져오기 때문이다. 이것은 그다지 놀라운 사실이 아니지만, 새로운 양자물리학자들은 단지 어떤 것의 속도와 위치를 정확하게 측정하는 것만 불가능한 게 아니라고 말했다.

방사성 붕괴처럼 원자 속에서 일어나는 현상이 있다. 일부 원자들은 불안정해서 가끔 붕괴를 한다. 그런데 어떤 원자가 정확하게 언제 방사성 붕괴를 할지 예측하는 것은 불가능하다. 아인슈타인은 어떤 원자가 특정 시간에 붕괴를 한다면, 거기에는 어떤 원인이 있을 것이라고 믿었다. 설사 우리가 원인을 알 수 없다 하더라도……. 그러나 새로운 양자물리학자들은 이렇게 말했다.

그리고 새로운 양자론은 더 괴상한 이야기도 했다. 어떤 것은 누군가 어떤 것을 측정하기 전에는 그것은 실제로 '존재'하는 것이 아니라고 했다.

책상 위에서 동전을 빙그르르 돌리면서 앞면이 나올지 뒷면이 나올지 알아맞히는 장면을 상상해 보라. 동전이 빙글빙글 돌고 있는 동안에는 답을 알아맞힐 수가 없다. 동전은 아직 앞면도 뒷면도 아니기 때문이다. 답을 알아내려면 동전을 어떤 식으로든 '측정'을 해야 하는데, 그러려면 동전을 탁 두드려 책상 위에서 멈춰 서게 해야 한다. 그러나 그 순간, 여러분은 전체 상황을 변화시켰을 뿐만 아니라(행복하게 빙글빙글 잘 돌아가고 있던 동전을 탁 때려 멈춰 서게 했으니), 동전을 강제로 앞면 또는 뒷면이 나오게 했다. 여러분은

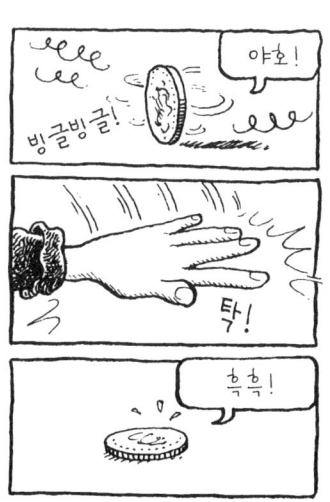

동전을 탁 두드리기 전에는 그 답을 전혀 예측할 수 없다. 또, 만약 똑같은 실험을 다시 한다면 전혀 다른 결과가 나올 수도 있다.

이것은 입자의 '스핀(일종의 회전 운동)'을 측정하는 상황과 비슷하다. 우리가 측정하기 전에는 입자는 어느 방향으로 회전하는지 아직 '결정'을 내리지 않았다. 우리는 입자를 측정할 수는 있지만, 그 과정에서 많은 에너지를 가하기 때문에 전체 상황에 큰 변화를 가져오게 되고, 입자를 어떤 방향으로 회전하게 만들 수가 있다. 입자처럼 작은 것을 측정하는 일은 빙빙 돌고 있는 동전을 손으로 탁 치는 것처럼 과격한 행동이다. 그리고 입자가 어느 방향으로 회전하는지 예측할 수도 없으며, 똑같은 실험을 다시 한다 하더라도 다른 결과가 나올 것이다.

따라서 입자의 스핀과 같은 것은 그 입자를 측정하기 전에는 현실로 존재하지 않는 셈이다. 이것은 정말로 어리둥절하게 만드는 개념인데, 과학자들에게는 더더욱 그랬다. 과학자들은 자신을 텔레비전 연속극을 보는 사람과 같다고 여겨 왔다. 즉, 어떤 일이 일어나고 있는지 관찰해 다음에 어떤 일이 일어날지 추측할 수 있다고 생각했다. 그렇지만 연속극을 보고 있다는 사실 자체가 프로그램에 어떤 영향을 미친다고는 생각하지 않았다. 여러분이 연속극의 악당을 향해 아무리 소리를 지르더라도, 그 악당은 눈도 깜박이지 않을 것이다. 그러나 양자론에 따르면, 과학자들은 극장에서 연극을 관람하는 관객과 같다. 무대 위에 바나나 껍질을 던지면, 무대 위에서 벌어지는 일에 영향을 미치게 된다!

양자론은 아주 괴상한 이야기를 많이 했지만, 원자가 빛을 흡수하고 방출하는 방식을 비롯해 온갖 종류의 사실을 놀랍게도 잘 설명했다. 오늘날에는 온갖 화학 이론도 모두 양자론이 옳다는 가정을 바탕으로 하고 있다.

양자론은 실용적으로도 많은 도움을 준다. 예를 들어 높은 장벽이 있고 그 한쪽에 전자가 있는데, 이 전자는 그 장벽을 넘어갈 만한 에너지가 없다고 하자. 고전 물리학에 따르면, 이 경우에 전자가 에너지를 새로 얻지 않는 한 장벽을 넘어갈 수 없다. 그러나 아주 드물게 장벽 한쪽에 있던 전자가 갑자기 그 자리에서 사라지고, 장벽 반대편에서 나타날 수 있다! 이것은 마치 전자가 터널을 뚫고 지나간 것 같다 하여 '터널 효과'라 부른다. 이 현상을 설명할 수 있는 방법은 여러 가지가 있다. 예를 들어 전자가 아무것도 없는 곳에서 에너지를 빌려 장벽을 넘었거나 공간을 통과하지 않고 순간 이동을 했다고 말할 수도 있다. 전자가 정확하게 어떻게 이런 일을 할 수 있는지는 이해하기 어렵지만, 어쨌든 이런 일이 일어나는 것만큼은 사실이다. 터널 다이오드라는 전자 장비를 사용하는 많은 기기들이 제대로 작동하는 것은 '뚫고 지나갈 수 없는' 장벽을 전자가 이런 방법으로 통과하기 때문이다.

## 진상 조사 X-파일

**양자론**

양자론의 기본 개념은 다음 몇 가지로 요약할 수 있다.
- 빛과 입자는 파동처럼 행동한다(어떤 면에서는).
- 빛과 입자는 입자처럼 행동한다(어떤 면에서는).
- 입자에 대해 알 수 있는 정보에는 한계가 있다.
- 우주는 불확실하다. 즉, 입자의 정확한 속도와 위치를 알아내는 것은 불가능하다.
- 때로는 어떤 일들이 왜 일어나는지 그 원인을 전혀 알 수 없다.
- 입자는 측정하기 전에는 그 행동을 아직 '결정' 하지 않은 상태로 남아 있다.

자, 아인슈타인은 양자론이 주장하는 이 모든 이야기를 어떻게 생각했을까?

아인슈타인은 어떤 일이 왜 일어나는지 그 원인을 밝히려고 평생을 연구해 왔다. 그랬으니 이제 와서 때로는 어떤 일이 아무 원인도 없이 일어난다는 이야기를 믿을 수가 없었다. 그는 그것을 받아들일 수 없었고, 또 어떤 것은 측정하기 전까지는 실제로 존재하지 않는다는 이야기도 믿을 수 없었다. 그는 양자론이 아주 훌륭하고 유용하다고 여겼으며, 우주는 불확실해 보인다는 것도 인정했지만, 우리가 알지 못하는 원인이나 비밀이 숨어 있다고 생각했다. 양자론에 대해 아인슈타인은 이렇게 말했다.

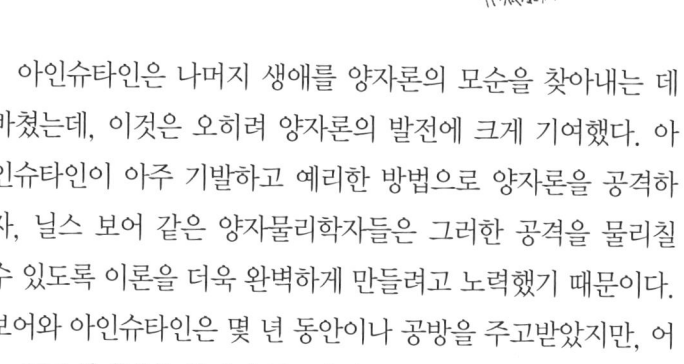

양자론은 우리를 '신'의 비밀에 조금이라도 더 가까이 다가가게 해 주지 않는다. 어쨌든 나는 신이 주사위놀이를 하고 있는 게 아니라고 확신한다.

아인슈타인은 나머지 생애를 양자론의 모순을 찾아내는 데 바쳤는데, 이것은 오히려 양자론의 발전에 크게 기여했다. 아인슈타인이 아주 기발하고 예리한 방법으로 양자론을 공격하자, 닐스 보어 같은 양자물리학자들은 그러한 공격을 물리칠 수 있도록 이론을 더욱 완벽하게 만들려고 노력했기 때문이다. 보어와 아인슈타인은 몇 년 동안이나 공방을 주고받았지만, 어느 쪽도 상대방을 완전히 설득하지 못했다.

**양자 연결**

아인슈타인이 양자론에 대해 마지막으로 제기한 중요한 개념은 아직도 많은 논란이 되고 있고, 또 실험을 통해 검증하려는 시도가 이루어지고 있다. 그것을 알기 쉽게 간단히 설명하면 다음과 같다. 많은 입자들은 쌍을 이루어 생겨난다. 한 입자가 시계 방향의 스핀을 갖고 있으면, 짝을 이룬 반입자는 반시계 방향의 스핀을 가진다. 입자와 반입자가 만나면 다시 사라지지만, 만나기 전에 둘이 서로 멀리 떨어지는 일이 일어났다고 가정하자. 동시에 짝을 이루어 태어난 이 두 입자가 똑같은 스핀을 가지는 것은 불가능하다.

  그런데 양자론에 따르면, 입자는 측정하기 전에는 그 스핀 방향을 '결정'할 수 없다. 따라서 만약 한 입자를 측정했더니 반시계 방향의 스핀을 갖고 있었다면, 다른 입자는 시계 방향의 스핀을 가져야 한다. 그렇지 않으면 둘 다 같은 스핀을 가져야 하는데, 이것은 불가능하다고 이미 이야기했다. 따라서 한 입자를 측정하면, 바로 그 순간 측정 행위 자체가 다른 입자에게 스핀 방향을 결정하도록 영향을 미치는 셈이 된다! 이것은 두 입자가 수백 광년 떨어져 있더라도 반드시 일어나야 한다. 두 입자가 아무리 멀리 떨어져 있다 하더라도, 두 입자는 신비의 힘으로 연결돼 있는 것처럼 행동해야 한다는 결론이 나온다.

  아인슈타인은 이것은 너무나도 '기괴한' 일이라 실제로 일어날 수 없다고 주장했다. 그리고 만약 그런 일이 실제로 일어나지 않는다면, 양자론은 틀렸다고 말했다.

  아인슈타인이 주장한 이 개념은 시대를 너무 앞선 것이라, 1982년이 될 때까지 실험으로 검증할 방법이 없었다. 그런데 그 후에 실험을 해 보았더니, 입자들은 실제로 양자론에서 말하는 것처럼 기괴한 행동을 하는 것으로 나타났다. 즉, 멀리 떨어진 입자들을 순간적으로 연결시켜 주는 신비의 힘이 있는 것처럼 보였다! 이것은 우주에 존재하는 모든 것이 다른 모든 것과 불가사의한 방식으로 연결돼 있음을 의미하는 것처럼 보인다. 왠지 으스스하지 않은가?

골치 아픈 이야기는 그만 하고, 이제 다시 현실적인 이야기로 돌아가기로 하자.

아인슈타인이 미국에 정착한 지 얼마 되지 않아 엘자가 큰 병에 걸렸다. 아인슈타인은 엘자를 돕기 위해 할 수 있는 일은 다 했지만, 결국 엘자는 몇 개월이 지난 뒤 프린스턴의 집에서 숨을 거두었다.

독일에서 날아오는 소식도 우울한 것뿐이었다.

## 우주 일보

1938년 11월 10일

### 대대적인 유대 인 박해를 시작하다!

어젯밤, 나치는 독일에 거주하는 유대 인을 3만 명 이상 체포했다. 유대 인이 운영하는 상점 7000군데가 약탈

당했으며, 대부분의 유대교 회당은 불태워졌다. 그 와중에 90여 명의 유대 인이 살해 당했으며, 수백 명이 구타를 당했다.

이 사건은 나치가 권력을 잡으면서 유대 인을 겨냥해 펼친 일련의 탄압 행위 중 가장 최근에 일어난 사건이다. 1933년부터 유대 인은 의료계, 법조계, 교육계에서 일하는 것이 금지되었다. 1935년에는 독일 시민권을 박탈당했으며, 올해 초에는 극장과 영화관 출입이 금지되었다. 심지어 대부분의 공원에서는 벤치에 앉는 것조차 금지되었다.

아인슈타인은 박해를 받는 유대 인이 탈출하는 것을 도와주었다. 여행 경비를 빌려 주거나 그냥 주었고, 또 미국으로 이주할 수 있도록 관계 당국에 편지도 써 주었다. 그러다가 탈출을 원하는 사람들이 많이 늘어나 돈이 모자라게 되자, 돕는 사람들을 모아 도움을 주려고 했다.

아인슈타인은 이런 문제를 해결할 수 있는 유일한 방법은 국가를 없애고 세계 정부(평화 유지군을 거느린)를 세우는 것뿐이라고 믿었다. 그러나 미국 정부는 미국이란 나라 자체를 없애라는 그런 요구를 받아들일 수 없었다. 그래서 연방수사국(FBI)을 시켜 아인슈타인을 철저히 감시하게 했다.

1939년, 아인슈타인은 여동생 마야와 함께 살기 시작했다. 60세가 된 혼자 사는 아인슈타인을 돌봐 줄 사람이 필요했기 때문이다. 그는 가끔 정신이 오락가락했다. 한번은 길을 잃었는데 자기 집 전화번호도 생각 나지 않았다. 전화국에 전화를 걸어 자신의 집 전화번호를 물어 보았지만, 그전에 자신이 그런 문의를 하면 절대로 가르쳐 주지 말라고 요청했기 때문에 전화국에서도 전화번호를 알려 주지 않았다.

많은 과학자들은 이제 아인슈타인이 물리학 연구도 더 이상 할 수 없을 것이라고 여겼다. 로버트 오펜하이머는 그가 '완전한 바보'가 되었다고 표현했다. 오펜하이머는 원자 폭탄 개발을 총 지휘한 과학자였다.

천만에! 그렇지만 원자 폭탄 개발의 기본 개념을 발견한 것은 맞다. 그것을 알아보려면 특수 상대성 이론이 나온 1905년으로 다시 돌아가야 한다.

### 빨리 달리면 무거워진다

아인슈타인은 물체가 빛의 속도에 가까워지면 시간과 공간에 이상한 일이 일어난다는 사실을 발견했다. 물체는 길이가 줄어들고, 시간은 천천히 흐르기 시작한다. 그러다가 광속에 이르면, 우주선 안의 시계가 멈추고, 물체의 길이는 0이 된다. 그런데 과연 광속으로 달리는 것이 가능한가?

이것은 단지 이론적 문제만은 아니다. 지금도 전 세계의 많은 연구소에서는 작은 입자들에 엄청난 에너지를 가해 빨리 달리게 하는 실험을 하고 있다. 뉴턴의 이론에 따르면, 힘을 많이 가할수록 물체의 속도가 점점 빨라지므로, 충분히 많은 힘을 가하면 빛보다 빠른 속도로도 달릴 수 있다. 뉴턴의 운동 법칙은 입자에 어떤 힘을 가해 초속 10만 km로 달리게 했다면, 그것보다 4배 강한 힘을 가하면 초속 40만 km로 달릴 것이라고 말한다. 그러나 아인슈타인은 그런 일은 일어나지 않는다고 말한다. 입자를 초속 30만 km 이상의 속도로 달리게 하는 것은 불가능하다고 생각했다.

그렇다면 여러분이 아인슈타인의 주장이 맞는지 확인하는 실험을 한다고 상상해 보자. 여러분에게는 물체의 속도를 정확하게 측정할 수 있는 장비가 있다. 이제 모래 알갱이를 벽을 향해 광속의 90퍼센트로 발사해 보자. 모래 알갱이는 벽에 충돌하는 순간 엄청난 소리를 내면서 벽에 구멍을 낼 것이다.

이번에는 두 배 강한 힘으로 모래 알갱이를 발사한다고 하자. 앞에서 아인슈타인이 한 말을 기억하지 못한다면, 모래 알갱이는 광속의 180퍼센트로 달릴 것이라고 생각하겠지? 그러

나 여러분이 가진 속도 측정 장비는 모래 알갱이의 속도가 광속의 97.2퍼센트라고 알려 준다. 그래도 모래 알갱이가 벽에 충돌하는 순간 앞서보다 훨씬 큰 소리가 난다. 벽은 심하게 흔들리다가 몇 군데에 균열까지 생긴다.

이번에는 맨 처음보다 20배 강한 힘으로 모래 알갱이를 발사해 보자. 그렇지만 속도 측정 장비에는 모래 알갱이의 속도가 광속의 99.97퍼센트에 불과한 것으로 기록된다. 그렇지만 모래 알갱이가 벽에 닿는 순간……

만약 여러분에게 정확한 속도 측정 장비가 없다면, 그런 위력적인 폭발을 보고서 모래 알갱이가 20배나 더 빠른 속도로 달린 게 분명하다고 생각할 것이다. 과연 모래 알갱이에게 무슨 일이 일어난 것일까?

모두 알고 있겠지만, 어떤 물체의 충격량은 빨리 달릴수록 혹은 질량이 클수록 크다. 똑같은 속도로 날아오는 탁구공과 골프공을 손으로 붙잡아 보면, 골프공이 훨씬 강한 충격을 줄 것이다. 아인슈타인은 물체의 속도를 높이기 위해 에너지를 가할 때 바로 그런 일이 일어난다는 사실을 깨달았다. 에너지는 단지 물체의 속도를 높이는 데 그치지 않는다. 물체의 질량도 더 커지게 한다.

이런 일은 일상생활 속에서 늘 일어난다. 여러분이 뭔가를 던질 때마다 가한 힘 중 일부는 그 물체를 더 무겁게 만들고, 일부는 속도를 더 빠르게 하는 데 쓰인다. 그렇지만 우리가 경험하는 보통 속도에서는 증가하는 질량이 아주 작다.

## 여러분의 건강을 위한 경고!

이런! 또 방정식이 나온다! 그렇지만 전에 비슷한 형태의 방정식을 두어 번 본 적이 있을 것이다.

이게 바로 그 방정식!

어디서 많이 본 것 같지, 그렇지? 특수 상대성 이론에 나오는 다른 것과 마찬가지로 이 질량 변화 역시 관찰자에 대해 어떤 물체가 아주 빨리 달릴 때에만 나타난다. 만약 여러분이 그 물체와 함께 달린다면, 물체의 질량이 변한 것을 전혀 느끼지 못할 것이다.

아인슈타인은 질량과 에너지 사이에 놀라운 관계가 있다는 사실을 알아냈다. 3쪽밖에 안 되는 짧은 논문에서 열과 빛을 내는 물체가 움직일 때 어떤 일이 일어나는지 상대성 이론을 이용해 탐구했는데, 그 물체의 에너지와 질량 사이의 관계를 수식으로 나타내는 방법을 발견했다. 어떤 에너지(빛뿐만이 아니라)와 어떤 물체(움직이는 물체뿐만이 아니라)에도 적용되는 이 발견은 유명한 방정식을 낳았다.

이 방정식은 어떤 물체가 지니고 있는 에너지는 그 물체의 질량에다가 빛의 속도의 제곱을 곱한 것과 같다는 뜻이다.

빛의 속도는 아주 빠르기 때문에, 그것을 제곱한 것은 엄청나게 큰 수이다. 따라서 아주 적은 양의 물질 속에도 엄청난 양의 에너지가 들어 있다는 말이 된다. 예를 들면, 모래 알갱이 하나 속에는 주전자 1000만 개에 담겨 있는 물을 끓일 만큼 많은 에너지가 들어 있다. 그런데 그 에너지는 물질 속에 꽁꽁 갇혀 있기 때문에 그것을 끄집어내는 것은 아주 어렵다. 그렇지만 태양 중심처럼 온도와 압력이 아주 높은 곳에서는 핵반응이 일어나면서 질량의 일부가 에너지로 변한다. 태양이 빛을 내는 원리도 바로 아인슈타인이 발견한 $E=mc^2$의 공식을 따른다.

반면에 에너지도 물질로 변할 수 있다. 실제로 입자 가속기 속에서 입자들을 충돌시켜 높은 에너지가 발생할 때, 에너지가 입자로 변하는 일이 일어난다.

### 요점 정리 — 아인슈타인의 놀라운 이론: $E=mc^2$

세상에서 가장 유명한 이 방정식은 물질이 곧 에너지이고, 에너지가 곧 물질이라는 것을 말해 준다($c^2$는 광속의 제곱에 해당하는 상수이니, 그것을 무시하면 $E=m$이 되므로). $c^2$은 아주 큰 수이기 때문에 아주 적은 양의 물질 속에도 막대한 에너지가 들어 있는 셈이다.

### 아인슈타인과 원자 폭탄

이렇게 해서 아인슈타인은 물질 속에 막대한 에너지가 들어 있다는 사실을 발견했다. 그것은 실로 놀라운 발견이었고, $E=mc^2$은 원자력 개발을 향해 내디딘 첫걸음이었다. 그렇지만 원자력을 실제로 개발하기까지는 가야 할 길이 많이 남아 있었다. 핵분열 반응의 기본 원리는 이렇다. 원자핵의 구성 임자인 중성자를 다른 원자핵에 강하게 충돌시키면 핵이 쪼개지는 핵분열 반응이 일어난다. 이 과정에서 약간의 질량이 사라지는데, 그 질량은 $E=mc^2$의 공식에 따라 에너지로 변한다. 그리고 핵이 쪼개질 때 더 많은 중성자가 튀어나와 다른 원자핵들과 충돌하면서 핵분열이 계속 연쇄적으로 일어나게 된다. 그래서 이 핵반응을 '연쇄 반응'이라 부르는데, 원자력 발전소의 원자로나 원자 폭탄에서 바로 이런 일이 일어난다. 연쇄 반응은 도미노와 비슷하다. 일렬로 죽 늘어선 도미노 중 끝에 있는 하나를 툭 치면 나머지도 연속적으로 다 쓰러진다. 그러니까 이런 식으로……

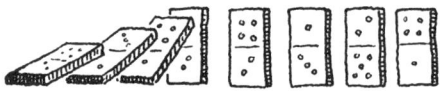

그런데 도미노는 이런 식으로 배열할 수도 있다.

이 경우, 첫 번째 도미노가 쓰러지면 2개의 도미노를 쓰러뜨리게 되고, 그 2개가 4개를, 다시 4개가 8개를…… 계속 쓰러뜨려 결국 수많은 도미노가 쓰러지게 된다. 원자 폭탄이 폭발하는 원리도 대략 이것과 비슷하다.

그렇지만 1935년이 될 때까지도 대부분의 과학자들은 연쇄 핵반응을 일으키는 게 실제로 가능하다고 보지 않았다. 따라서 아인슈타인은 원자 폭탄을 실제로 개발하는 데에는 전혀 관여하지 않았다. 그렇지만 원자폭탄에 관한 정치 문제에는 약간 깊이 관여했다. 아인슈타인은 원자핵에 들어 있는 막대한 에너지를 끄집어내 이용한다는 생각을 재앙으로 여겨 그것을 막으려고 노력했다.

그렇지만 그런 노력도 아무 소용이 없었다.

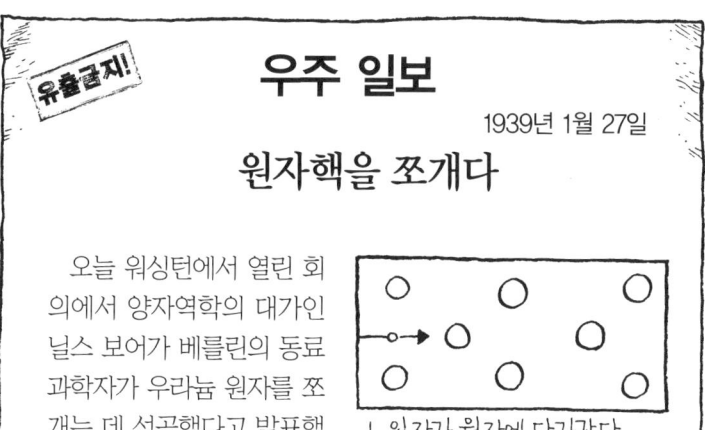

사람들은 이 효과를 이용해 엄청난 위력을 지닌 폭탄을 만들 수 있는 가능성을 검토했다.

이 도표는 핵분열 연쇄 반응 과정을 보여 준다.

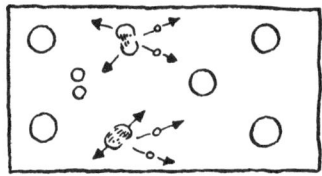

3. 새로운 입자들이 다른 원자들을 쪼개고, 더 많은 에너지가 나온다.

적절한 종류의 우라늄 원료를 확보하기만 한다면, 원자폭탄을 만드는 것은 아주 간단하다. 작은 우라늄 덩어리는 방사성이 아주 강하지만 폭발하지는 않는다. 중성자 중 일부는 그냥 우라늄 밖으로 빠져나가 버리므로 다른 우라늄 원자들과 충분히 많은 충돌이 일어나지 않아 대규모 연쇄 반응이 일어나지 않기 때문이다. 그러나 우라늄 연료의 크기가 지름 10cm 이상이 되면……

1939년, 미국 과학자들은 독일이 원자폭탄을 완성하기 직전 단계에 와 있다고 생각했다. 원자폭탄을 만들려면 우라늄을 확보해야 하는데, 얼마 전에 독일이 체코슬로바키아가 우라늄을 러시아에 수출하지 못하도록 한 것을 보고서 원자폭탄 개발에

착수했다고 본 것이다. 얼마 후 두 과학자가 아인슈타인을 만나러 왔는데, 그것은 과학적 도움을 청하러 찾아온 것이 아니었다. 미국 정부는 아인슈타인을 완전히 믿지 않았기 때문에(그 당시 FBI가 그를 감시하며 작성한 보고서 문건은 무려 1427쪽에 이르렀다!) 원자력 연구에 그를 참여시키려고 하지 않았다. 찾아온 과학자들은 벨기에 왕실과 친한 아인슈타인의 도움을 요청했다. 그 당시 벨기에는 어느 나라보다 많은 우라늄을 보유하고 있었는데, 그들은 아인슈타인에게 벨기에 왕비와의 친분을 이용해 우라늄을 독일에 팔지 못하게 해 달라고 부탁했다.

많은 대화와 토론 끝에 아인슈타인은 편지를 써 주기로 동의했다. 그런데 수신자는 벨기에 왕비가 아니라 프랭클린 루스벨트 미국 대통령이었다. 이 편지에서 아인슈타인은 이렇게 주장했다.

- 조만간 어느 나라가 원자폭탄을 만들 것입니다.
- 독일이 바로 그 나라가 될 가능성이 큽니다.

이런 정보는 루스벨트 대통령도 이미 알고 있겠지만, 그 과학자들은 세계 최고의 천재 과학자가 직접 그런 말을 한다면 대통령이 더 심각하게 받아들일 것이라고 생각했다.

그리고 그 해에……

### 우주 일보

1939년 9월 3일

**또다시 세계 대전이 일어나다!**

이틀 전에 독일이 폴란드를 침공했는데, 이에 대해 오늘 프랑스와 영국은 독일에 선전 포고를 했다. 전에 독일이 라인란트 지방과 체코슬로바키아를 점령하는 것을 협상으로 막으려고 시도했다가 실패한 것이 결국 이런 사태로 발전하고 말았다.

루스벨트는 아인슈타인에게 보낸 편지에서 원자력 개발 타당성 조사를 시작했다고 알려 주었다. 아인슈타인은 답장에서 그 연구를 서두르라고 촉구했다.

루스벨트는 1941년에 뉴멕시코 주의 로스앨러모스에서 비밀리에 원자폭탄 개발 계획인 '맨해튼' 계획을 시작하게 했다. 그렇지만 이 계획은 아인슈타인의 편지를 받아서 시작했다기보다는 나름의 연구 조사 결과를 바탕으로 추진한 것이었다. 아인슈타인은 맨해튼 계획에 대한 정보를 듣지 못했지만, 그래도 무슨 일이 일어나고 있는지 짐작했을 것이다. 왜냐하면, a) 많은 친구들이 거기에 참여했고, b) 같은 건물에서 일하던 여러 원자과학자들이 사라졌으며, c) 그는 천재였기 때문이다.

얼마 전까지만 해도 모든 전쟁과 폭력에 반대하던 아인슈타인이 왜 세계 최강대국에게 수백만 명을 죽일 수 있는 무기를 개발하라고 권했을까? 직접 그 답을 들을 수는 없지만, 추측한다면 아마도 이렇게 말하지 않을까?

> 원자폭탄을 개발하도록 돕는 것보다 더 나쁜 것이 있다. 그것은 바로 나치가 원자폭탄을 먼저 개발하는 것이다.

그리고 아인슈타인은 그 전쟁에 반대하지 않았다. 실제로 그는 미 해군에 참여해 폭발물에 관해 조언을 했으며, 자신의 오래 된 과학 논문들을 경매에 내놓아 전쟁을 도왔다.

아인슈타인은 나치에 대항해 싸워야 하며, 독일보다 먼저 원자폭탄을 개발하는 게 중요하다고 여겼지만, 원자폭탄은 절대로 사용하지 못하도록 막아야 한다고 생각했다. 그래서 또다시 편지를 썼는데, 이번에는 닐스 보어에게 보냈다. 거기서 그는 정치가들에게 핵무기의 위험을 경고해 달라고 부탁했다. 보어는 이미 그 일을 시작했는데, 그 때문에 애국심이 없는 사람으로 취급받았다.

미국이 원자폭탄을 막 개발했을 때 전세는 이미 독일에게 크게 불리해졌으며, 독일이 원자폭탄을 개발할 위험은 거의 없는 것으로 드러났다. 그렇지만 원자과학자들은 원자폭탄을 개발하느라 막대한 돈과 시간을 들인 미국이 그것을 사용하려고 하지 않을까 염려했다. 그래서 그들은 아인슈타인에게 다시 루스벨트 대통령에게 편지를 보내라고 부탁했다. 아인슈타인은 편지를 썼지만, 그때 그만 루스벨트가 죽고 말았다. 그리고 사태는 이미 돌이킬 수 없는 방향으로 흘러갔다. 1945년 8월 6일, 미국은 일본하고도 전쟁 중이었다.

## 우주 일보

1945년 8월 6일

### 원자폭탄, 히로시마를 파괴하다

오늘 아침 미군 비행기가 히로시마에 원자폭탄을 투하했다. 폭탄이 폭발하는 순간 7만 8150명이 현장에서 사망했다. 그리고 화상과 방사능으로 인해 앞으로 더 많은 사망자가 나올 것으로 보인다. 지름 6km에 이르는 지역이 폭발의 충격으로 완전히 폐허로 변했다.

아인슈타인은 소스라치게 놀랐다. 히로시마는 그가 1925년에 방문한 적이 있는 도시였기 때문이다.

그리고 4일 뒤······.

## 우주 일보

1945년 8월 15일

### 태평양 전쟁이 끝나다

오늘 일본 국왕 히로히토가 항복을 선언했다. 6일에 히로시마에 원자폭탄이 투하된 뒤, 9일에는 나가사키에도 원자폭탄이 투하되었다. 결국 견디다 못한 일본은 10

> 일에 연합국에 항복을 통보했고, 오늘 국왕이 정식으로 항복을 선언한 것이다. 이미 4월 29일에 항복한 독일에 이어 일본이 항복함으로써 제2차 세계 대전이 마침내 끝났다.

이 전쟁으로 5000만 명 이상이 목숨을 잃었다. 그 중 1600만 명은 나치의 손에 학살당했는데, 단지 그들과 다르다는 이유로, 그러니까 유대 인이나 동성애자, 집시, 정신병자, 사회주의자, 러시아 인, 폴란드 인, 우크라이나 인이라는 이유 등으로 죽어 갔다. 나치의 손에 죽은 유대 인은 600만 명이나 되었는데, 유럽에 살던 전체 유대 인 중 3분의 2에 해당하는 숫자였다. 전 세계 사람들은 다시는 이런 전쟁이 일어나서는 안 된다고 굳게 다짐했다. 하지만 많은 사람들은 핵무기로 무장한 강한 군대만이 평화를 보장할 수 있다고 생각했다.

아인슈타인은 그것을 어리석은 생각이라고 여겼다. 핵무기는 핵전쟁을 낳을 뿐이며, 핵무기가 존재하는 한 세상은 안전할 수 없다고 보았다. 그래서 이런 말을 남겼다…….

> 전쟁은 이겼지만, 평화는 쟁취하지 못했다.

온 세계에 이것을 경고하기 위해 아인슈타인은 원자과학자 비상 대책 위원회 의장을 맡았다. 이 위원회는 맨해튼 계획에 참여해 일한 과학자들이 다수 포함돼 있었다. 그러나 사람들은 그 활동에 별로 관심을 보이지 않았고, 위원회는 1948년에 해체되고 말았다.

1948년은 불운의 해였다. 취리히에서 밀레바가 죽었고, 아인슈타인도 몸이 심하게 아팠다. 평소에 건강을 돌보지 않아서인지, 복부에 심각한 병이 생겼다. 여동생 마야가 잘 간호하고 돌봐 주었지만, 별 차도가 없었다. 아인슈타인은 그 상태에서도 일을 계속했다. 이제 세계적인 유명 인사가 된 아인슈타인에게는 전 세계에서 많은 편지가 날아왔고, 찾아오는 손님도 많았다. 심지어 이스라엘의 대통령이 되어 달라는 부탁도 있었다.

한편, 핵무기 개발은 계속 진행되었다. 히로시마에 투하한 것보다 위력이 1000배나 강한 새 핵무기가 개발되었다. 수소 폭탄이라 부르는 이 핵무기는 수소 원자들이 융합해 헬륨으로 변하는 과정에서 나오는 막대한 에너지를 이용했는데, 이것은 태양에서 에너지가 만들어지는 과정과 같다. 이 소식을 들은 아인슈타인은 텔레비전에 출연해 수소폭탄 개발이 가져올 위험에 대해 강하게 경고했다.

그 무렵 또다시 불운이 찾아왔다. 그가 텔레비전에 출연한 지 얼마 안 돼 마야가 뇌졸중을 일으켜 죽고 말았다. 그 후 비서였다가 친구이자 가정부로 일하던 헬렌 듀카스와 엘자의 딸 마곳이 집으로 들어와 함께 살았다.

하지만 아인슈타인은 미국에서 사는 게 이제 행복하지 않았다. 제2차 세계 대전이 끝나자마자 미국과 소련 사이에 냉전이 시작되었다. 냉전 기간에는 실제로 전쟁이 많이 일어나진 않았지만, 양 진영은 서로의 정치 체제를 공격하면서 치열한 경쟁과 암투를 벌였다.

미국에서는 조지프 매카시 상원 의원이 공산주의자가 미국의 곳곳에 침투해 있다고 주장하면서 그들을 색출해야 한다고 한바탕 난리를 피웠다. 그렇지만 매카시는 자기 눈에 애국적인 미국인으로 보이지 않는 사람이면(즉, 그의 마음에 들지 않는 사람이면) 누구나 공산주의자라고 비난하면서 공개적인 심문을 받게 했다. 아인슈타인은 강력한 권력을 휘두르던 매카시를 공공연하게 비판했으며, 국민에게 매카시의 질문에 대한 답변을 거부하라고 촉구했다. 한편 그는 수소폭탄 개발에 반대했다가 미국 정부로부터 보안상 위험 인물로 분류된 로버트 오펜하이머(아인슈타인을 '완전한 바보'라고 말했던 바로 그 사람)을 지지하고 나서기도 했다.

이러한 일련의 사태는 건강 문제와 노화와 함께 말년의 아인슈타인에게 큰 좌절을 안겨 주었을 것이다. 그래도 그는 자신이 가장 좋아하던 것을 계속했다. 그것은 획기적인 새로운 과학을 만드는 것이었다.

## 초과학

　이 책에서 소개한 아인슈타인의 과학 업적은 대부분 1905년에서 1927년 사이에 이루어진 것이다. 그리고 그는 1955년에 죽었다. 그렇다면 세상을 평화롭게 유지하려고 노력한 일을 제외한다면 나머지 28년 동안은 무슨 일을 했을까? 아직까지 아인슈타인에 익숙해지지 않았다면, 그 대답에 깜짝 놀랄지도 모르겠다.

　1928년, 아인슈타인은 심장병 때문에 4개월 동안 누워서 지냈다. 강제적인 평화와 휴식은 생각할 시간을 많이 주었는데, 비범한 아인슈타인인지라 생각하는 것도 남달랐다. 그것은 그때까지 자신이 설명한 것과 설명하지 못한 우주의 모든 것을 체계적으로 설명할 수 있는 방법이었다.

　아인슈타인이 이런 것을 생각한 것은 이번이 처음이 아니었다. 5세 때 아버지가 나침반을 사 주었을 때부터 자기 현상에

## 아인슈타인의 사라진 공책

우주의 질서를 세우기 위해 한 일과 앞으로 해야 할 일

특수 상대성 이론을 발견한다. ✓
일반 상대성 이론을 발견한다. ✓
양자론의 발전을 돕는다. ✓
원자의 크기를 측정한다. ✓
하늘이 왜 파란지 설명한다. ✓
시간과 공간이 결합돼 있다는 것을 증명한다. ✓

오렌지를 산다. ✓
물질과 에너지가 같은 것임을 증명한다. ✓

(물질과 공간이 본질적으로 같다는 것을 증명한다.)

중력과 가속도가 본질적으로 같다는 것을 증명한다. ✓

(전기와 자기, 중력이 본질적으로 같다는 것을 증명한다.
양자물리학자들이 주장하듯이 모든 것이 불확실한 게
아님을 증명한다.)

대해 호기심을 가지고 계속 생각해 왔고, 일반 상대성 이론을 완성한 뒤에는 그것을 확장해 우주의 더 많은 것을 설명하려고 시도했다. 그런데 지금은 단지 일반 상대성 이론을 확장하는 것에 그치지 않고 완전히 새로운 방법으로 우주의 모든 것을 설명하고 싶었다.

젊은 시절에 아인슈타인은 수학을 그다지 대단한 것으로 여기지 않았다. 수학은 그저 이론의 세부적인 부분을 채워 주는 도구에 지나지 않았다. 그러나 이번에는 수학이 새로운 접근 방법의 핵심을 차지했다. 이를 위해 아인슈타인은 완전히 새로운 수학 분야를 만들었다. 웬만한 과학자라면 그것을 개발하는 데 평생을 바치는 것만으로도 만족했을지 모르지만, 아인슈타인에게 그것은 출발점에 지나지 않았다. 그는 이 새로운 수학을 사용해 모형 우주들을 만들기 시작했다. 그 중 하나가 실제 우주와 일치하지 않을까 하는 기대를 품고서……. 만약 그렇게만 된다면, 남아 있는 우주의 수수께끼를 모두 풀 수 있었다. 아인슈타인이 특별히 해결하고 싶어 한 것은 두 가지가 있었다.

## 아인슈타인의 사라진 공책

1. 상대성 이론은 중력이 시공간의 곡률임을 보여 준다. 그러나 전기와 자기는 이 방법으로 설명할 수가 없다. 만약 같은 방법으로 설명할 수 있다면, 얼마나 근사하고 간단하겠는가? 그리고 물질이라는 개념을 아예 없애 버리고, 모든 것(원자, 중력, 사과, 사람 등등)을 시공간의 비틀림으로 설명할 수는 없을까? 그러면 우주는 아주 간단해질 것이다(나는 항상 우주가 본질적으로 간단해야 한다고 믿어 왔다).

2. 우주는 본질적으로 양자론이 주장하는 것처럼 불확실하고 무작위적일 수가 없다. 그것보다 더 나은 설명이 분명히 있을 것이다!

### 모든 것의 이론

중력장과 전기장, 자기장을 모두 한꺼번에 설명할 수 있는 이 이론을 아인슈타인은 '통일장 이론'이라고 이름 붙였다. 오늘날에는 이런 이론을 '모든 것의 이론'이라고 부르는데, 이 이론은 일련의 방정식들로 우주의 모든 것을 설명하려고 시도한다.

아직 독일에 살고 있던 시절인 1929년, 아인슈타인은 50번째 생일을 기념해 스스로 새 집을 지었다. 그 집은 베를린에서 평화롭고 근사한 지역인 카푸트에 있었는데, 아인슈타인이 발터라는 계산기의 도움을 받아 새 계획을 처음으로 실행에 옮긴 것도 바로 여기서였다.

아니, 아니, 그게 아니고! 그 당시에는 아직 전자계산기가 발명되지 않았다! 발터는 머릿속으로 암산을 아주 빨리 하는 인간 계산기였다.

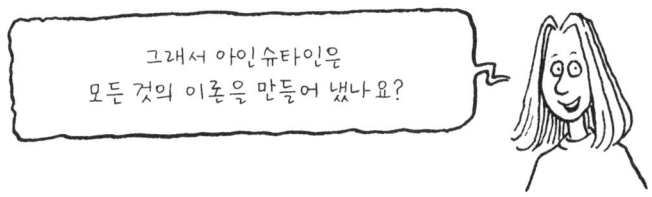

빨리 대답하라면, '그렇지 않다'이다.

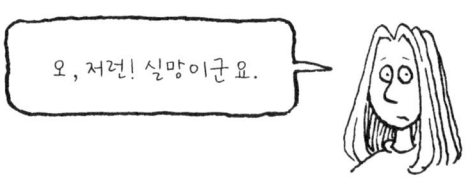

오, 저런! 실망이군요.

　오랫동안 연구를 계속하던 아인슈타인은 여러 차례 답에 가까이 다가갔다고 생각했지만, 성공을 거두지는 못했다. 문제는 이번에는 아주 기발한 개념(빛은 입자처럼 행동한다거나 자유 낙하를 할 때에는 중력 효과가 사라진다는 것과 같은)을 전혀 떠올리지 못한 데 있었다. 그런 종류의 개념에 가까운 것은 아인슈타인이 아니라 테오도르 칼루자가 생각해 냈다. 칼루자는 4차원 시공간이 운동과 중력을 설명하는 데 도움이 된다면, 모든 것을 설명하는 데에는 5차원으로 생각하는 게 도움이 될지 모른다고 제안했다. 아인슈타인은 그 생각이 마음에 들어 자기 이론에 써 보았으나 성공하지 못했다. 28년 동안 많은 것을 시도해 보았지만, 하나도 성공하지 못했다.

　그동안에 아인슈타인은 위장병과 혈관이 풍선같이 부풀어 오르는 대동맥류 때문에 무척 고생했다. 그리고 1950년에 대동맥류 증상이 아주 심각해지자, 시간이 얼마 남지 않았음을 직감했다. 하지만 그는 죽음에 대해 초연한 태도를 보였으며, 이렇게 말했다.

죽음이란 언젠가는 청산해야 할 오래된 빚 같은 거지요.

수술을 하면 생명을 조금 더 연장할 수도 있었지만, 아인슈타인은 수술을 거부했다. 그리고 마지막 몇 년은 평화를 위해 노력하는 한편, 집과 고등연구소에서 통일장 이론을 붙들고 씨름하면서 보냈다.

1955년 4월 11일, 아인슈타인은 국제적인 핵무기 경쟁에 반대하는 성명에 서명했다. 며칠 뒤, 몸 상태가 나빠지자 병원에 입원했는데, 거기서도 연구를 계속해 1955년 4월 17일 일요일에 마지막 계산을 했다. 그리고 그다음 날 아침에 아인슈타인은 숨을 거두었다.

# 아인슈타인 이후

 엘자와 밀레바, 마야는 모두 아인슈타인보다 먼저 세상을 떠났지만, 아들들은 살아 있었다. 에두아르트는 정신병에 걸려 1933년부터 정신 병원에 입원해 있다가 1965년에 죽었다. 한스는 비교적 순탄한 삶을 살았다. 버클리에 있는 캘리포니아 대학에서 물의 움직임을 연구하는 수문학 교수로 일하다가 1973년에 죽었다. 딸 리제를도 아마 아버지보다 더 오래 살았을 것이다.
 아인슈타인은 통일장 이론을 완성하지 못했지만, 그의 노력은 헛된 것이 아니었다. 지금도 많은 과학자들이 모든 것의 이론에 매달려 연구하고 있으며, 순수 수학으로 우주 모형을 만들려는 아인슈타인의 접근 방법과 추가 차원 개념을 여전히 사용하고 있다. 그렇지만 오늘날의 과학자들 역시 만족할 만한 이론을 완성하지 못하고 있다.

그렇다면 아인슈타인이 매달렸던 두 가지 문제는 오늘날 어떻게 되었을까?

* 나머지 두 가지 힘은 강한 상호 작용(원자핵 속에서 양성자와 중성자가 단단하게 결합하는 힘)과 약한 상호 작용(원자 속의 입자들이 붕괴할 때 관여하는 힘)이다.

불완전한 것이긴 하지만, 현재까지 나온 모든 것의 이론은 이렇게 이야기한다.

초끈 이론은 모든 것은 원자보다 훨씬 작은 끈으로 이루어져 있다고 이야기한다. 끈들은 양 끝이 서로 붙어 있는 것도 있고, 그렇지 않은 것도 있다. 그리고 끈들은 모두 서로 다른 방식으로 진동한다. 이것만으로도 여러분의 머리에 쥐가 나겠지만 이것만으로 부족했는지, 그 다음에는 끈들이 우리가 알고 있는 4차원 시공간에 존재하지 않는다고 한다. 끈들이 존재하는 세계는 많게는 11차원에 이른다(따라서 아인슈타인이 5차원에서 이론을 찾아보려고 한 것은 방향은 옳았다). 11차원 중 7차원은 아주 작게 말려 있어서 우리 눈에 보이지 않는다고 한다. 끈 이론은 여러 가지가 나와 있는데, 그 중에서 최신 이론인 M 이론은 그 밖에도 주변에 납작한 것과 질퍽질퍽한 것 등 작은 물체들이 아주 많이 있다고 말한다.

끈 이론의 기본 개념은 이러한 끈들과 작은 물체들로 모든 것을 설명할 수 있다는 것이다. 양자론, 상대성 이론, 전기, 자기를 비롯해 여러분이 생각할 수 있는 모든 것을 끈 이론으로 설명할 수 있다고 주장한다. 끈 이론은 아직 완성되지 않았다. 지금까지 큰 진전이 하나 일어났고, 큰 문제가 하나 남아 있다.

큰 진전은 모든 것을 한꺼번에 설명하는 대신에 단계별로 차근차근 해결해 가려고 시도하던 도중에 일어났다. 중력은 아주 골치 아픈 대상이기 때문에 제쳐 두고, 나머지 힘들을 통일하려고 해 보았다. 오랫동안 아주 복잡한 수학을 사용해 마침내 원하던 방정식들을 얻었는데, 거기에는 항상 처리하기 곤란한 부분들이 남아 있었다. 아무리 없애려고 노력해도, 그것들은 사라지지 않고 계속 나타났다. 그렇지만 도대체 이것들이 무엇일까 하고 조사해 보았더니, 그것들은 바로 중력에 해당하는 것이었! 이 이론은 원하든 원하지 않든, 중력을 나머지 힘들과 연결시켜 주는 것처럼 보인다. 따라서 이것은 하나의 통일장 이론인 셈이며, 완성된다면 진짜 통일장 이론이 될 것이다.

큰 문제란, 끈이 존재한다는 증거가 전혀 없다는 점이다. 끈은 너무나도 작아서 볼 수가 없으며, 실제로 존재한다는 것을 실험으로 증명할 방법도 없다. 물론 아인슈타인이라면 이런 종류의 문제에 조금도 신경 쓰지 않았을 것이다. 그저 놀랍도록 간단한 개념을 생각해 내고, 필요한 수학 계산을 한 뒤에 세상이 나중에 그것을 확인할 때까지 기다렸을 것이다. 그러나 초끈 이론은 아직까지 그런 종류의 놀라운 개념이 없다. 그래서 또다시 아인슈타인 같은 사람이 나타나 그런 것을 발견하는 게 필요한지도 모른다.

아인슈타인의 개념이 지금도 쓰이고 있는 곳은 초끈 이론뿐만이 아니다. 우주론과 천체물리학 분야에서도 많은 연구가 일반 상대성 이론을 바탕으로 진행되고 있다. 그리고 양자론에서도 그렇다.

알았어요. 그렇다면······.
이미 알고 있다시피, 충분히 많은 물질을 아주 작은 공간 속에다 짜부라뜨리면 블랙홀이 생긴다. 얼핏 볼 때 블랙홀은 그다지 복잡해 보이지는 않는다. 비록 괴상하고 무시무시하긴

하지만 기본적으로는 아주 간단하다. 그저 중력이 아주 강한 장소일 뿐이다. 그런데 블랙홀 속에는 아주 기묘한 것이 감춰져 있다.

**별이 죽고 나면**

큰 별이 연료가 다해 더 이상 핵융합 반응이 일어나지 않으면, 자체 무게를 이기지 못하고 중력 때문에 붕괴하게 된다. 붕괴하는 큰 별은 중력이 엄청나게 강해 원자들만 짜부라지는 게 아니라, 원자를 이루고 있는 입자들마저 짜부라진다. 이 단계에 이르면 중력은 엄청나게 강해 결국 빛조차 탈출하지 못하게 되고, 블랙홀이 생긴다. 일단 별이 붕괴를 시작하면 그것을 막을 수 있는 것은 아무것도 없으며, 붕괴 과정은 별이 공간을 전혀 차지하지 않을 때까지 계속된다! 이렇게 공간에 뻥 뚫린 구멍을 '특이점' 이라 부르는데, 이곳의 시공간에는 이해하기 힘든 기묘한 일들이 일어난다. 이 특이점을 잘 이용하면 시간을 거슬러 여행하는 게 가능할지도 모른다!

그런데 과거로 시간 여행을 하면 아주 곤란한 일이 벌어진다. 시간 여행을 떠나는 덜렁이를 따라가 보자.

정말 기묘하지 않은가? 과거로 시간 여행을 해 과거를 변하게 하면 여러분이 태어날 수가 없다. 그러면 여러분이 과거로 가 여러분이 태어나지 않게 방해하는 일이 일어나지 않는다. 그러면 여러분은 아무 방해를 받지 않고 태어날 것이다. 그러면 여러분은 자라서 과거로 가 여러분이 태어나지 않게 방해를 한다. 그러면 여러분은 태어나지 않아 과거로 갈 수가 없다.

만약 과거로 시간 여행을 하는 것이 블랙홀 안에서만 가능하다면, 그것은 전혀 흥미로운 일이 못 된다. 블랙홀 안에서는 탈출은 물론이고 아무도 살아남을 수조차 없기 때문이다. 그러니 실제로 블랙홀을 타임머신으로 사용하기는 어려울 것이다.

그런데 과학자들은 블랙 홀 밖에 특이점이 생기는 것이 가능하다고 생각한다. 블랙홀이 아주 빠른 속도로 회전한다면 이런 일이 일어날 수 있다. 그렇다면 블랙홀 속으로 들어가지 않더라도 과거로 시간 여행을 할 수 있다. 그냥 블랙홀을 지나 날아갈 수 있다. 그리고 충분히 똑똑하다면, 출발한 것보다 조금 늦게 돌아오도록 계획을 짤 것이다

그런데 이 모든 것은 무엇을 의미하는가? 과학자들도 확실한 것은 모른다. 과거로 가는 시간 여행에서 나타나는 논리적 모순은 상대성 이론이 틀렸다는 것을 의미할 수도 있다. 그렇지만 상대성 이론은 오랫동안 옳다는 것이 입증돼 왔고, 그것보다 더 나은 이론은 현재까지 없다. 아니면, 자신의 과거를 바꾸지 못하도록 하는 일종의 '운명' 같은 게 있을지도 모른다(그렇지만 이것은 전혀 과학적이지 않다). 아니면, 실제로 그런 일이 가능할지도 모른다. 도저히 상상할 수 없는 방식으로.

그러나 회전하는 블랙홀은 그다지 좋은 아이디어가 아니다. 우주에는 블랙홀이 많이 있으며, 당장 타임머신으로 활용하기에 적절한 블랙홀이 있을지도 모른다. 그렇다면 그것을 이용해 시간 여행을 하면, 우리는 어디에(그리고 어느 시대에) 도착할까?

아인슈타인이 과학을 올바른 궤도에 올려놓은 후에, 과학은 먼 길을 걸어왔다. 지금까지 살아간 수백억 명의 인류 중 그와 같은 업적을 이룬 사람은 손가락을 꼽을 정도에 지나지 않으며, 과학자들은 일반 상대성 이론이 한 사람이 발견한 단일 이

론 중에서는 가장 위대한 것이라고 이야기한다.

아인슈타인이 죽은 후 사람들은 그의 뇌가 궁금해 조사해 보았다. 처음에는 다른 사람의 뇌와 큰 차이가 없어 보였다. 쭈글쭈글 주름이 진 회색의 물컹물컹한 덩어리에 지나지 않았다.

그러나 1996년에 과학자들은 뇌 중 일부가 보통 사람의 뇌보다 더 크다는 사실을 발견했다. 그렇지만 아인슈타인이 그것을 사용해 우주의 수수께끼를 푼 방법은 여전히 수수께끼다.

아인슈타인은 과학 연구만 한 게 아니라 평화를 위해 적극적으로 나섰는데, 그 점에서도 전 세계의 많은 사람에게 큰 감명을 주었다. 따라서 1999년에 〈타임〉지가 그를 '20세기의 인물'로 선정한 것은 결코 놀라운 일이 아니다. 아인슈타인이 실패한 일(세상에 평화를 가져오기 위한 노력과 모든 것의 이론을 찾는 일)은 다른 사람들도 성공하지 못했으며, 그가 성공을 거둔 것들은 우주에 대한 지식을 완전히 바꾸어 놓았다. 그러니 세상의 모든 사람이 아직도 그를 기억하는 것은 당연한 일이다.

# 앗, 시리즈 (전 70권)

## 앗, 이렇게 재미있는 수학이!

어렵고 지루했던 수학이 순식간에 쉽고 즐거워집니다.
수학의 기초 원리에서부터 응용까지, 다양한 정보와
교양을 골라서 일목요연하게 정리해 줍니다.

01 수학이 모두 모여 수군수군
02 수학이 수리수리 마술이
03 수학이 수군수군
04 수학이 또 수군수군
05 수학이 자꾸 수군수군 1. 셈
06 수학이 자꾸 수군수군 2. 분수
07 수학이 자꾸 수군수군 3. 확률
08 수학이 자꾸 수군수군 4. 측정
09 대수와 방정맞은 방정식
10 도형이 도리도리
11 섬뜩섬뜩 삼각법
12 이상야릇 수의 세계
13 수학 공식이 꼬물꼬물
14 수학이 꿈틀꿈틀

# 앗, 시리즈 (전 70권)

## 앗, 이렇게 재미있는 과학이!

어렵고 지루했던 과학이 순식간에 쉽고 즐거워집니다.
복잡한 현대 과학의 기초 원리에서부터 응용까지
다루고 있으며, 다양한 정보와 교양을 골라서
일목요연하게 정리해 줍니다.

- 15 물리가 물렁물렁
- 16 화학이 화끈화끈
- 17 우주가 우왕좌왕
- 18 구석구석 인체 탐험
- 19 식물이 시끌시끌
- 20 벌레가 벌렁벌렁
- 21 동물이 뒹굴뒹굴
- 22 화산이 왈칵왈칵
- 23 소리가 슥삭슥삭
- 24 진화가 진짜진짜
- 25 꼬르륵 뱃속여행
- 26 두뇌가 뒤죽박죽
- 27 번들번들 빛나리
- 28 전기가 찌릿찌릿
- 29 과학자는 괴로워?
- 30 공룡이 용용 죽겠지
- 31 질병이 지끈지끈
- 32 지진이 우르쾅쾅
- 33 오싹오싹 무서운 독
- 34 에너지가 불끈불끈
- 35 태양계가 티격태격
- 36 튼튼탄탄 내 몸 관리
- 37 똑딱똑딱 시간 여행
- 38 미생물이 미끌미끌
- 39 의학이 으악으악
- 40 노발대발 야생동물
- 41 뜨끈뜨끈 지구 온난화
- 42 생각번뜩 아인슈타인
- 43 과학 천재 아이작 뉴턴
- 44 소름 돋는 과학 퀴즈

# 앗, 시리즈 (전 70권)

## 앗, 이렇게 재미있는 사회·역사가!

어렵고 지루했던 사회·역사가 순식간에 쉽고 즐거워집니다. 사회·역사와 담을 쌓았던 친구들에게 생생한 학습 의욕을 불어넣어 줄, 꼭 필요한 정보와 교양만을 골라서 일목요연하게 정리해 줍니다.

- 45 바다가 바글바글
- 46 강물이 꾸물꾸물
- 47 폭풍이 푸하푸하
- 48 사막이 바싹바싹
- 49 높은 산이 아찔아찔
- 50 호수가 넘실넘실
- 51 오들오들 남극북극
- 52 우글우글 열대우림
- 53 올록볼록 올림픽
- 54 와글와글 월드컵
- 55 파고 파헤치는 고고학
- 56 이왕이면 이집트
- 57 그럴싸한 그리스
- 58 모든 길은 로마로
- 59 아슬아슬 아스텍
- 60 잉카가 이크이크
- 61 들썩들썩 석기 시대
- 62 어두컴컴 중세 시대
- 63 쿵쿵쾅쾅 제1차 세계 대전
- 64 쾅쾅탕탕 제2차 세계 대전
- 65 야심만만 알렉산더
- 66 위풍당당 엘리자베스 1세
- 67 위엄가득 빅토리아 여왕
- 68 비밀의 왕 투탕카멘
- 69 최강 여왕 클레오파트라
- 70 만능 천재 레오나르도 다 빈치

전 세계 2천만 독자가 함께 읽는
<앗, 시리즈>